中国私募证券投资基金行业发展报告 2021

Annual Industry Development Report of Private Securities Investment Fund in China (2021)

 中国证券投资基金业协会　/编著
Asset Management Association of China

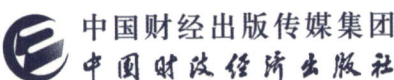

图书在版编目（CIP）数据

中国私募证券投资基金行业发展报告.2021／中国证券投资基金业协会编著.--北京：中国财政经济出版社，2021.10

ISBN 978-7-5223-0847-0

Ⅰ.①中… Ⅱ.①中… Ⅲ.①投资基金业－研究报告－中国－2021 Ⅳ.①F832.51

中国版本图书馆 CIP 数据核字（2021）第208436号

责任编辑：胡 懿　　　　责任印制：党 辉
责任校对：张 凡　　　　封面设计：王 颖

中国私募证券投资基金行业发展报告（2021）
ZHONGGUO SIMU ZHENGQUAN TOUZI JIJIN HANGYE FAZHAN BAOGAO (2021)

中国财政经济出版社 出版

URL: http://www.cfeph.cn
E-mail: cfeph@cfeph.cn

（版权所有　翻印必究）

社址：北京市海淀区阜成路甲28号　邮政编码：100142
营销中心电话：010-88191522
天猫网店：中国财政经济出版社旗舰店
网址：https://zgczjjcbs.tmall.com
北京时捷印刷有限公司印刷　各地新华书店经销
成品尺寸：185mm×260mm　16开　9.5印张　152 000字
2021年10月第1版　2021年10月北京第1次印刷
定价：68.00元
ISBN 978-7-5223-0847-0
（图书出现印装问题，本社负责调换，电话：010-88190548）
本社质量投诉电话：010-88190744
打击盗版举报热线：010-88191661　QQ：2242791300

[96] 刘革,凌娟. 变额年金中终身提取利益保证的定价研究 [J]. 保险职业学院学报, 2016, 30 (2): 5-9.

[97] 刘革,吴珊. 蒙特卡罗方法在基于最低提取利益保证的变额年金定价中的应用 [J]. 保险职业学院学报, 2015, 29 (2): 26.

[98] 王旭,邱华龙. 变额年金在我国的应用及风险管理探讨 [J]. 保险研究, 2011 (11): 72-77.

[99] 王修文,祝波. 传统险利率风险及变额年金产品风险的评估 [J]. 金融与经济, 2010 (8): 77-79.

[100] 邢祎玮,李奕瑗. 变额年金保险问题分析与对策建议 [J]. 中国财政, 2013 (18): 64-65.

[101] 姚怡,李帅芳,许威. 跳扩散模型下亚式期权定价的柳树法研究 [J]. 同济大学学报 (自然科学版), 2018, 46 (12): 151-159.

[102] 张弘林. 建立年金制度的构想——我国社会养老保障制度的改革思路 [J]. 特区经济, 1993 (1): 19-21.

[103] 赵桂芹,钟明,陈晓明. "GMDB+GMAB" 型变额年金投资组合保险策略绩效比较 [J]. 保险研究, 2015 (10): 44-58.

[104] 蔡晓晴. 联合变额年金保险设计及定价 [D]. 华东师范大学, 2012.

[105] 戴怡然. 变额年金中最低累积利益保证风险管理模式的研究 [D]. 湖南大学, 2013.

[106] 丁江玲. 随机死亡率下的变额年金产品研究 [D]. 安徽工程大学, 2013.

[107] 郭超. 变额年金最低保证利益风险控制研究 [D]. 复旦大学, 2013.

[108] 李凤红. 随机利率下 GLWB 变额年金的定价研究 [D]. 天津大学, 2014.

[109] 刘迪. 变额年金及最低利益保证的定价 [D]. 华东师范大学, 2011.

[110] 刘经纶. 中国变额年金保险的发展模式与策略 [D]. 西南财经大学, 2013.

[111] 凌娟. 变额年金中终身提取利益保证的定价研究 [D]. 湖南大学, 2016.

[112] 鲁玲. 特种期权及其他金融衍生品定价的柳树法研究 [D]. 同济大学, 2016.

[113] 彭晓磊. 保单持有人行为对变额年金利益保证风险对冲的影响研究 [D]. 湖南大学, 2014.

[114] 王锦东. 随机利率下变额年金产品的风险计量 [D]. 同济大学, 2019.

[115] 雍尧棣. 具有最低身故利益的投资连接型产品的定价 [D]. 重庆大学, 2018.

[116] 张荣名. 变额年金的价值评估研究 [D]. 云南大学, 2015.

[117] 左佳明. 非固定年金中最低保障的定价 [D]. 上海交通大学, 2007.

编委会成员

主　编：何艳春

副主编：吴　萌　彭　晶　陈春艳　高天红　黄丽萍

委　员：

中国证券投资基金业协会私募证券投资基金专业委员会

张志洲　李华轮　汤进喜　唐毅亭　王茹远　蔡　明
但　斌　高云程　江　晖　林成栋　王亚伟　赵丹阳
赵　军　邱国鹭　尚　健　胡建平　刘青山　高　蕾
相纪宏　王立君　陈　浩　杨爱斌　裘国根

编写组：

中国证券投资基金业协会

私募服务部：蒋海军　王　强　费文颖　陈麓霖　刘益果
信息科技部：丁伯轩　张　勇　贾少伟
投资者服务部：熊　歆　王紫祺
研究与统计专项小组：张宣传　师　潭　杜祖磊

承研机构

中信证券研究部：赵文荣　朱必远　厉海强　王兆宇
　　　　　　　　刘　方　张依文　王亦琛　陈朝棕
　　　　　　　　刘笑天　陈宇奇

前　言

为了全面反映上一年度私募证券基金行业发展状况及阶段性特点，为监管部门和市场机构提供参考，中国证券投资基金业协会（以下简称"协会"）自2017年起，已连续五年组织行业力量，充分挖掘协会资产管理业务综合报送平台（AMBERS系统）数据，借助行业问卷调查数据及行业专家观点和案例，统筹编撰形成了《中国私募证券投资基金行业发展报告》（以下简称《报告》）。2021年的《报告》在延续往年基本框架的基础上，研究内容进一步丰富，在附录里增加对海外对冲基金状况的介绍，包括资产规模情况、资金流进出情况、业绩表现、敞口和杠杆情况等；研究深度也进一步拓展，对国内私募证券基金的问卷调查数据进行了更为深入的分析，对业内专家的行业洞察及研究建议也进行了积极吸收。

《报告》显示，从外部环境看，2020年新冠肺炎疫情对全球经济产生了持续而深远的影响。中国采取坚定果断的疫情防控与复工复产政策，在第三季度率先实现了经济指标止跌回升，全年GDP增速达到2.3%。在宏观经济环境保持稳定的背景下，金融业运行稳健，资本市场亦表现良好。从行业发展情况看，在股票市场行情走高和居民资产再配置转向权益类资产等因素共同作用下，私募证券投资基金（以下简称"私募证券基金"）发展势头总体向好，管理规模上涨，综合收益率上升。截至2020年末，私募证券基金整体规模为4.30万亿元，较2019年末增长1.74万亿元，增幅达67.97%。据市场机构测算，2020年私募证券基金综合策略指数收益率为28.40%，比2019年度的20.60%增长了7.8个百分点，增幅达37.86%。经数据分析发现，私募证券基金管理规模增长的两个主要驱动因素是业绩增长及其带来的资金净流入，规模增长主要由股票策略产品的增长贡献；新发产品数量持续增加，存量产品清算数量保持稳定；自主发行产品在策略上采用股票多头策略的产品规模占比较高,在投向上,制造业股票的配置继续增加。从行业发展趋势看,国内私募证券基金将维持平稳较快发展态势,在私募基金和大资管行业中的地位有望持续提升。

2021年的《报告》由协会在中信证券研究部受托开展的2020年私募证券基金行业发展情况课题研究成果基础上统稿编撰而成。在此过程中,协会私募证券投资基金专业委员会委员单位敦和资管、重阳投资、星石投资、锦成盛资产、清和泉资本、乐瑞资产,以及九坤投资、闻基之道等其他行业机构提供了大力支持与帮助,在此一并表示感谢!

中国证券投资基金业协会

2021年9月

目 录

1. **宏观经济和资本市场运行变化** ·················· **1**
   1.1 国内宏观经济形势及资本市场表现 ·················· 3
   1.2 资本市场运行变化对私募证券基金的影响 ·················· 8
2. **行业监管与自律管理环境变化** ·················· **11**
   2.1 法律、行政法规 ·················· 13
   2.2 部门规章、规范性文件及其他 ·················· 14
   2.3 行业自律规则 ·················· 15
3. **运营配套服务环境变化** ·················· **17**
   3.1 私募基金托管业务 ·················· 19
   3.2 私募基金代销业务 ·················· 20
   3.3 私募基金服务业务 ·················· 21
4. **基金规模** ·················· **23**
   4.1 私募证券基金规模 ·················· 25
   4.2 私募证券基金规模与公募基金规模比较 ·················· 29
   4.3 私募证券基金与其他类型私募基金规模比较 ·················· 30
   4.4 国内私募证券基金与美国对冲基金规模比较 ·················· 33
   4.5 基金规模增长由业绩增长和资金净流入共同推动 ·················· 35
   4.6 私募证券基金行业整体的资产配置 ·················· 38
5. **基金管理人** ·················· **41**
   5.1 基金管理人概况 ·················· 43
   5.2 行业集中度 ·················· 43

5.3 区域分布 ……………………………………………………………… 46
5.4 股东情况 ……………………………………………………………… 47
5.5 外资私募证券基金管理人 …………………………………………… 49

6. 基金产品 … 55
6.1 存续产品概况 ………………………………………………………… 57
6.2 新发和清算产品概况 ………………………………………………… 64
6.3 基金费用 ……………………………………………………………… 71
6.4 产品分级和杠杆比率 ………………………………………………… 77
6.5 私募基金组织形式：契约型、合伙型占据主流 …………………… 80

7. 基金投资者 … 83
7.1 国内高净值人群增长情况及其资产配置需求 ……………………… 85
7.2 私募证券基金的投资者结构 ………………………………………… 89
7.3 与美国对冲基金的投资者结构比较 ………………………………… 91

8. 基金从业人员 … 95
8.1 从业人员近况 ………………………………………………………… 97
8.2 高级管理人员近况 …………………………………………………… 99

9. 行业发展的阶段性特征 … 101
9.1 产品销售：直销为主，代销多元化 ………………………………… 103
9.2 投研人员：金融机构背景居多，多数投资经理比较资深 ………… 105
9.3 投资策略：投资策略偏重股票多头，杠杆水平较为可控 ………… 108
9.4 投资者结构：国内私募证券基金以个人投资者为主 ……………… 110

10. 行业发展趋势展望 … 113
10.1 行业空间较大，未来将维持平稳或较快发展 …………………… 115
10.2 在私募基金和大资管行业中的地位有望提升 …………………… 116
10.3 外资仍将保持平稳发展，短期难以对国内管理人构成挑战 …… 117
10.4 投资者结构有待优化 ……………………………………………… 118
10.5 股票和量化策略产品占比预期继续提升 ………………………… 119
10.6 行业集中度预期进一步提升 ……………………………………… 120

附录1　海外宏观经济形势与资本市场表现 …………………………………… **122**
附录2　海外对冲基金行业发展状况 …………………………………………… **125**
　　2.1　资产规模 ……………………………………………………………… **125**
　　2.2　资金流进出 …………………………………………………………… **130**
　　2.3　业绩表现 ……………………………………………………………… **132**
　　2.4　敞口和杠杆 …………………………………………………………… **133**
附录3　中国私募证券投资基金行业发展报告调查问卷 ……………………… **138**
后　记 ……………………………………………………………………………… **141**

1. 宏观经济和资本市场运行变化

1.1 国内宏观经济形势及资本市场表现

1.1.1 国内宏观经济形势

2020年新冠肺炎疫情冲击全球经济。在世界主要经济体中，中国最先控制住疫情，最先复工复产，实现了经济逐月逐季向好的较快复苏。2020年全年中国GDP总量为101.6万亿元[①]，GDP增速为2.3%，到第三季度已扭转了上半年经济负增长的局面，并且实现了现行标准下农村贫困人口的全面脱贫。

财政和货币政策方面，2020年多项总量及结构性政策并举，聚焦实体经济，对帮助中国经济恢复起到了重要作用。财政政策方面，6月召开的全国"两会"公布的财政政策显示了政府在疫情的特殊背景下的逆周期调节决心，含政府专项债、新增特别国债等，财政逆周期调节总规模近11万亿元。货币政策方面，央行保持了较大的信用扩张力度，同时也通过降低政策利率等方式大力推进降成本工作。从2020年全年来看，中国社会融资和M2增速分别从2019年末的13.7%和8.7%上升至2020年末的36.3%和10.1%，信用扩张状态明显。此外，M1增速也从底部回升，同时企业中长期贷款在2020年增长显著，体现出实体企业资产负债表开始逐步改善，同时信贷结构向好。

投资方面，得益于逆周期政策的整体发力，投资呈现"地产强于基建强于制造业"的特征。房地产投资方面，2020年全国房地产开发累计完成额为14.1万亿元，同比增长7.0%，且从第三季度起单月增速均保持在12%左右的较高增长水平。基建投资方面，2020年基础设施建设投资的固定资产投资完成额同比增长3.4%，相对于宽松的货币财政环境来说增速偏低。制造业投资方面，受疫情影响，我国2020年固定资产投资中制造业投资同比增速为−2.2%，制造业投资直到6月份才开始实现同比正增长。

消费方面，2020年社会消费品零售总额同比下降3.9%，限额以上企业消费

[①] 在没有特别说明的情况下，本《报告》相关数据的货币币种为人民币。

品零售总额同比下降 1.9%。疫情之后的修复中，消费的变化最为缓慢且平稳，且限额以上消费的恢复持续快于总体消费。这主要是由于疫情对低收入群体的冲击更大，导致低收入群体的修复更加缓慢。

贸易方面，疫情初期，出口成为市场最为悲观的预期变量，但从年末的结果看，海外疫情恶化拉动"抗疫"物资和居家办公设备出口，海外疫情开始出现好转又拉动家具、服装等一般贸易品出口，两者共同推动 2020 年出口持续超市场预期。

1.1.2 股票市场运行和表现

2020 年 A 股市场总体震荡上行，核心指数全线收涨。其中，创业板指和科创 50 指数年度收益率分别为 64.96% 和 39.30%，涨幅显著高于沪深 300、中证 500 等宽基指数。年初疫情发酵，A 股在 2 月 3 日正常开市后出现短期快速下行，这使得 A 股 2020 年全年波动率和最大回撤较 2019 年有所增加，夏普比率较 2019 年也有所下降。股市在开年暴跌后一路反弹，在宽松的货币政策下，各板块表现良好，出现上涨行情，市场流动性较 2019 年显著提高，各核心指数的日均成交额较 2019 年均增加 50% 以上（见图 1.1.1 和表 1.1.1）。

图 1.1.1　A 股核心指数 2020 年走势

资料来源：Wind.

表 1.1.1 A 股核心指数 2020 年表现

	上证 50	沪深 300	中证 500	中证 1000	创业板指	科创 50
收益率	18.85%	27.21%	20.87%	19.39%	64.96%	39.30%
波动率	21.94%	22.68%	25.59%	27.35%	30.97%	44.30%
最大回撤	-17.19%	-16.08%	-15.24%	-15.67%	-20.12%	-26.41%
夏普比率	0.86	1.20	0.82	0.71	2.10	0.89
日均成交金额（亿元）	703.41	2 552.53	1 564.61	1 973.21	1 914.28	271.32

资料来源：Wind。

经过 2020 年的上涨，A 股市场总体估值水平较 2019 年继续提升。截至 2020 年末，沪深 300、中证 500、中证 1000 指数的市盈率（滚动市盈率）[PE（TTM）]分别为 16.1、28.2 和 42.6。以周度频率来计算，上述指数的 PE 分别处于近 3 年以来下侧 99.9%、76.0%、72.1% 分位数的水平，近 10 年以来 97.7%、33.2%、37.6% 分位数水平（见图 1.1.2）。

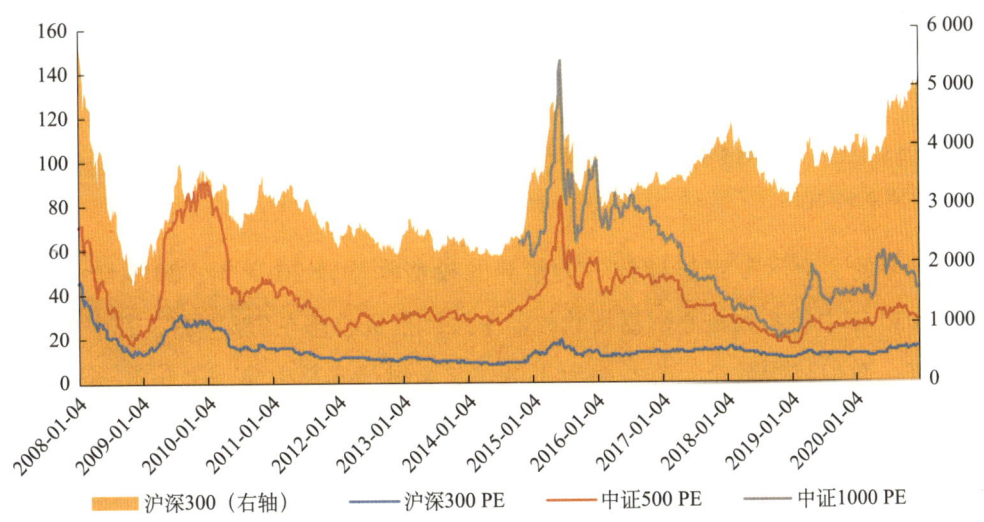

图 1.1.2 A 股核心指数历史估值 PE（TTM）的变化

资料来源：Wind。

1.1.3 债券市场运行和表现

2020 年，以 10 年期国债为代表的债券收益率大致呈"V 形"走势。其中，2020 年 1 月至 4 月在新冠肺炎疫情发酵、货币政策宽松加码等因素的影响下，现券收益率明显回落。进入 5 月后，随着全球经济持续修复、货币政策边际放缓、利率债供给放量、资金中枢持续提高，现券利率有所上行。2020 年末各期限国债到期收益率水平总体与2019年末基本持平（见图1.1.3）。

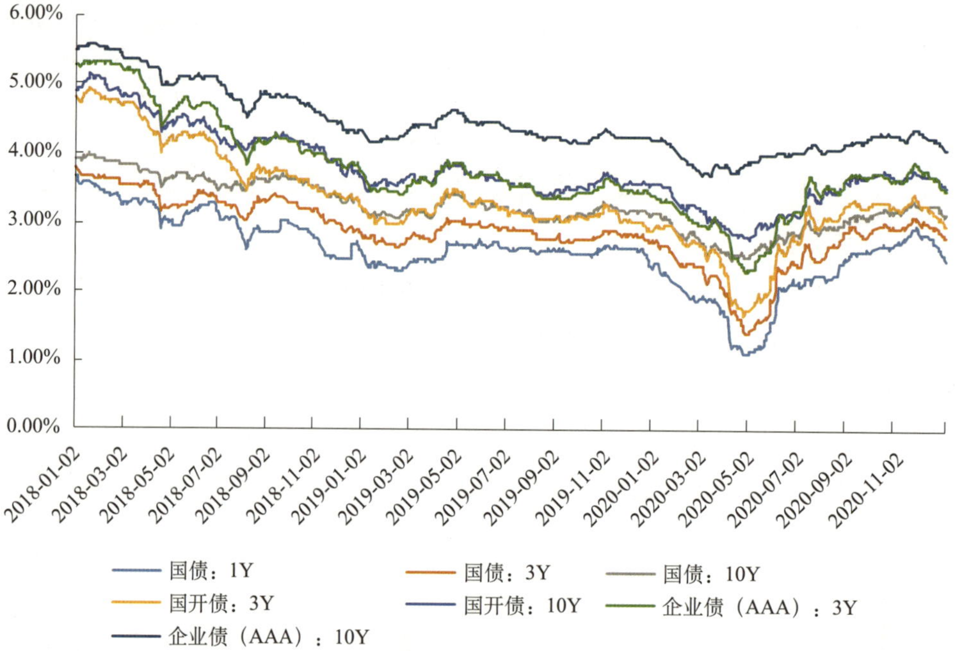

图1.1.3　国内主要债券品种近3年到期收益率走势

资料来源：Wind。

利率的"V形"走势导致各类债券的投资收益较2019年、2018年显著下降。2020年中债系列核心财富指数收益率总体投资收益在3%左右，其中企业债总财富（总值）指数全年收益率为3.98%，金融债券总财富（总值）指数收益率为3.46%。

表1.1.2　主要债券指数2018—2020年收益率　　　　　　　　　　单位：%

	中债—新综合财富（总值）指数	中债—国债总财富（总值）指数	中债—金融债券总财富（总值）指数	中债—企业债总财富（总值）指数	中债—信用债总财富（总值）指数	中债—地方政府债财富（总值）指数
2018年	8.19	8.84	10.30	8.21	7.43	7.70
2019年	4.63	4.00	4.78	6.53	5.09	4.87
2020年	2.97	2.65	3.46	3.98	3.32	2.60

资料来源：Wind。

1.1.4　金融衍生品市场运行和表现

股指期货方面，2020年以来股指期货的流动性和持仓量均有了显著提升。

沪深300、上证50、中证500股指期货2020年日均成交量分别较2019年上涨27.45%、22.22%和64.99%，日均持仓量分别较2019年上涨46.41%、27.88%和60.78%。

表1.1.3　　　　股指期货2018—2020年流动性与市场规模

	年度	日均成交量（万张）	日均成交额（亿元）	日均持仓量（万张）	日均持仓额（亿元）
沪深300	2018年	3.08	322.13	5.22	536.42
	2019年	9.69	1 094.56	11.55	1 268.12
	2020年	12.35	1 621.09	16.91	2 178.36
上证50	2018年	1.86	145.03	2.58	196.11
	2019年	3.96	336.79	5.56	865.27
	2020年	4.84	453.06	7.11	648.15
中证500	2018年	1.79	180.59	4.43	439.01
	2019年	8.17	814.72	13.03	1 252.94
	2020年	13.48	1 585.51	20.95	2 403.72

资料来源：Wind。

基差方面，2020年三大期指主力合约的贴水较2019年显著扩张。由图1.1.4可见，沪深300、上证50、中证500股指期货主力合约2020年日均基差分别为-0.36%、-0.32%和-0.71%。

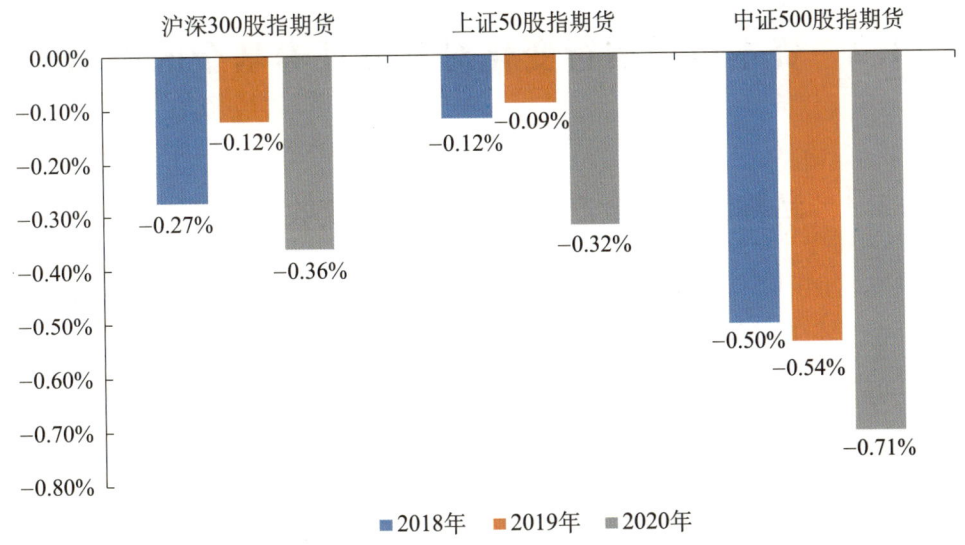

图1.1.4　股指期货主力合约日均基差

资料来源：Wind。

场内期权方面，2020年A股场内期权迎来高速发展，日均成交面值约1 972亿元（见表1.1.4），较2019年上涨约1 234亿元，日均成交金额达37.9亿元，较2019年上涨23.9亿元。

表1.1.4　四类期权2020年全年成交与持仓概览

		成交面值（亿元）		持仓面值（亿元）		成交量（万张/万手）	
		总成交	日均成交	期末持仓	日均持仓	总成交	日均成交
50ETF期权	认购	91 035.86	374.63	472.34	464.05	28 919.19	119.01
	认沽	71 430.74	293.95	423.05	392.69	22 930.91	94.37
	合计	**162 466.60**	**668.59**	**895.39**	**856.74**	**51 850.10**	**213.37**
沪市300ETF期权	认购	111 060.78	457.04	422.73	407.88	24 919.21	102.55
	认沽	94 781.79	390.05	434.42	407.02	21 479.87	88.39
	合计	**205 842.58**	**847.09**	**857.15**	**814.90**	**46 399.09**	**190.94**
深市300ETF期权	认购	19 077.06	78.51	82.34	94.84	4 252.83	17.50
	认沽	16 067.87	66.12	78.51	89.09	3 624.42	14.92
	合计	**35 144.93**	**144.63**	**160.85**	**183.93**	**7 877.25**	**32.42**
中金所300股指期权	认购	43 753.51	180.06	398.39	247.11	961.92	3.96
	认沽	32 089.30	132.05	347.47	218.82	712.36	2.93
	合计	**75 842.81**	**312.11**	**745.87**	**465.93**	**1 674.28**	**6.89**

资料来源：Wind。

1.2　资本市场运行变化对私募证券基金的影响

1.2.1　私募证券基金产品策略指数年度收益上涨明显

2020年国内各类基础资产全年总体上涨，私募证券基金也普遍获得正收益。如表1.2.1、图1.2.1所示，从细分策略来看，除债券策略年度收益与2019年基本持平以外，其他各类策略收益率均显著高于2019年。其中，股票策略类私募证券基金受益于A股的大幅上涨，2020年年度收益率为31.68%，在全部策略类型中为最高；紧随其后的分别为管理期货、宏观策略类产品，受益于大宗商品和宏观经济的大幅波动，年度收益率分别为30.72%和28.28%。

表 1.2.1	私募证券产品策略指数年度收益		单位:%
	2018 年	2019 年	2020 年
私募综合	-11.61	20.60	28.40
股票策略	-15.68	23.77	31.68
债券策略	1.89	7.12	7.05
市场中性	1.32	7.26	11.50
管理期货	7.12	12.43	30.72
多策略	-3.28	16.87	22.10
套利策略	3.63	9.43	14.20
宏观策略	-6.11	17.40	28.28
FoF/MoM	-6.90	14.97	23.64

资料来源：朝阳永续、中信证券研究部。

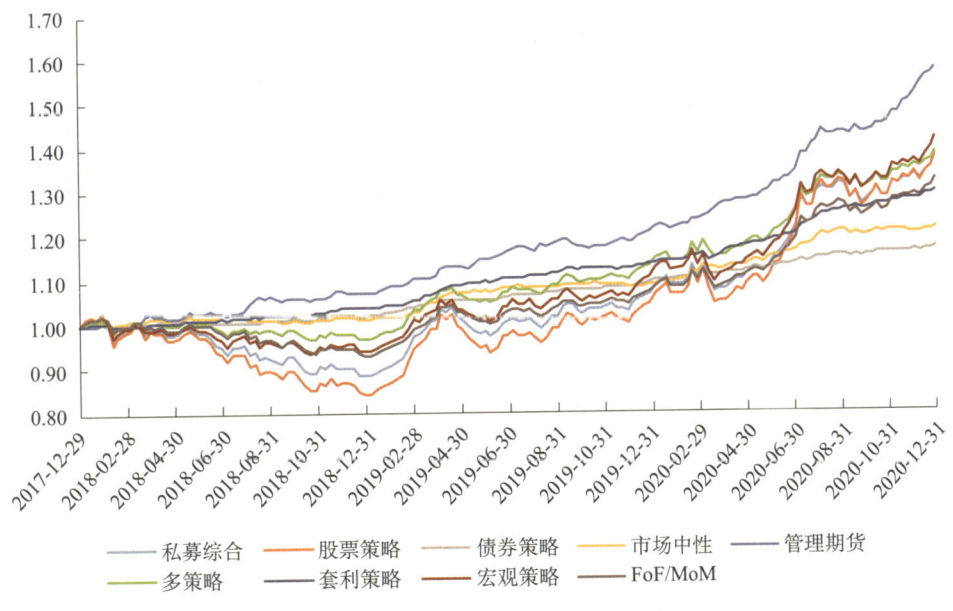

图 1.2.1 证券私募产品策略指数累计收益率

资料来源：朝阳永续、中信证券研究部。

1.2.2 私募证券基金规模持续上涨

受到股票市场较好表现和居民资产再配置转向权益类资产的共同作用，2020 年私募证券基金管理规模持续增长。截至 2020 年末，私募证券基金整体规模为 4.30 万亿元，较 2019 年末增长 1.74 万亿元，增幅达 67.97%（见图 1.2.2）。

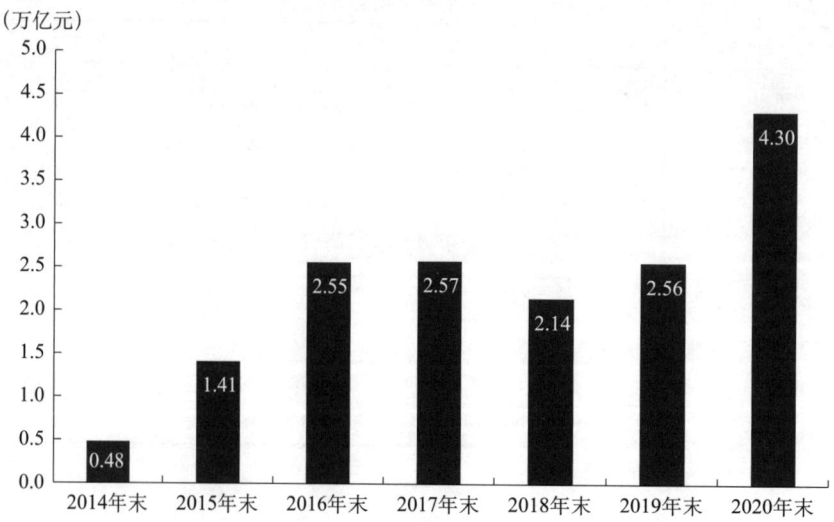

图 1.2.2　2014 年以来私募证券基金行业各年规模

资料来源：中国证券投资基金业协会。

2. 行业监管与自律管理环境变化

近年来，我国私募基金行业快速发展，法律法规规章持续完善，自律规则体系不断优化。2020 年以来，私募基金行业制度环境呈现一些新的变化。

2.1 法律、行政法规

2.1.1 《中华人民共和国证券法》完成修订

2019 年 12 月 28 日，第十三届全国人民代表大会常务委员会第十五次会议审议通过了修订后的《中华人民共和国证券法》（以下简称《证券法》），2020 年 3 月 1 日起施行。值得注意的是，此次修订扩大了《证券法》的适用范围，将资产支持证券和资产管理产品写入《证券法》，授权国务院按照《证券法》的原则规定资产支持证券、资产管理产品发行和交易的管理办法。

新修订的《证券法》对短线交易规则、权益变动信息披露规则等进行了修订完善，将直接影响私募证券投资基金的运作；此外，还大幅提升了对短线交易、信息披露违法违规、内幕交易、利用未公开信息交易、操纵市场等违法违规行为的处罚力度，使违法成本大幅提高。

2.1.2 全国人大常委会会议通过《中华人民共和国刑法修正案（十一）》

2020 年 12 月 26 日第十三届全国人民代表大会常务委员会第二十四次会议通过《中华人民共和国刑法修正案（十一）》，针对证券监管的相关内容做出了积极回应。尤其针对操纵证券、期货市场犯罪，在现行刑法规定的基础上增设了"虚假申报操纵""蛊惑交易操纵"和"抢帽子交易操纵"3 种操纵形式。

2.1.3 私募基金相关行政法规制定工作持续推进

2020 年 7 月 8 日，国务院 2020 年立法工作计划发布，拟制定、修订的行政法规中，包含中国证券监督管理委员会（以下简称证监会）将起草的《私募投资基金管理暂行条例》。

2021年3月，证监会印发2021年度立法工作计划，修改《私募投资基金监督管理暂行办法》《证券期货经营机构私募资产管理业务管理办法》列于其中，证监会还将继续配合国务院有关部门做好《私募投资基金监督管理条例》等行政法规的制定、修改工作。

2.2 部门规章、规范性文件及其他

2.2.1 《关于加强私募投资基金监管的若干规定》

为进一步加强私募基金监管，严厉打击各类违法违规行为，严控私募基金增量风险，稳妥化解存量风险，提升行业规范发展水平，保护投资者及相关当事人合法权益，2020年9月，证监会发布《关于加强私募投资基金监管的若干规定（征求意见稿）》。2021年1月8日，证监会公布实施《关于加强私募投资基金监管的若干规定》（以下简称《规定》）。

《规定》共十四条，形成了私募基金管理人及从业人员等主体的"十不得"禁止性要求。主要内容：一是规范私募基金管理人名称、经营范围，并实行新老划断；二是优化对集团化私募基金管理人监管，实现扶优限劣；三是重申私募基金应当向合格投资者非公开募集；四是明确私募基金财产投资要求；五是强化私募基金管理人及从业人员等主体规范要求，规范开展关联交易；六是明确法律责任和过渡期安排。

2.2.2 QFII/RQFII可投资私募投资基金

2020年9月25日，中国人民银行、证监会、国家外汇管理局联合发布《合格境外机构投资者和人民币合格境外机构投资者境内证券期货投资管理办法》（以下简称《QFII/RQFII新规》）。与此同时，证监会同步发布配套规则《关于实施〈合格境外机构投资者和人民币合格境外机构投资者境内证券期货投资管理办法〉有关问题的规定》（以下简称《实施规定》）。《QFII/RQFII新规》与《实施规定》于2020年11月1日起实施。

根据《实施规定》，QFII 和 RQFII 可以投资证券期货经营机构以及中国证券投资基金业协会登记的私募投资基金管理人依法设立的私募投资基金，QFII 和 RQFII 所投资的私募基金的投资范围是在证券交易所交易或转让的股票、存托凭证、债券、债券回购、资产支持证券和在全国中小企业股份转让系统（以下简称全国股转系统）转让的股票等证券。

2.3　行业自律规则

2021 年 1 月 26 日，协会通过资产管理业务综合报送平台（https：//ambers.amac.org.cn，以下简称"AMBERS 系统"）向各私募基金管理人发布了《关于适用中国证监会〈关于加强私募投资基金监管的若干规定〉有关事项的通知》，明确了不同情形下私募基金管理人的名称、经营范围整改问题，同时强调了未备案基金的"整改窗口期"问题。

2020 年 2 月 7 日起，协会对持续合规运行、信用状况良好的私募基金管理人，试行采取"分道制+抽查制"方式办理私募基金产品备案，即符合条件的私募基金管理人通过资产管理业务综合报送平台提交私募基金备案申请后，于次日在协会官网（www.amac.org.cn）以公示该私募基金基本情况的方式完成该基金备案。

2020 年 2 月 28 日，协会发布《关于便利申请办理私募基金管理人登记相关事宜的通知》。主要内容包括，公布私募基金管理人登记申请材料清单，全流程公示申请机构办理登记进度，增加私募基金管理人公示信息。

2020 年 3 月 12 日，为指导基金经营机构贯彻落实证监会发布的《证券期货经营机构及其工作人员廉洁从业规定》（以下简称《廉洁从业规定》），协会研究制订了《基金经营机构及其工作人员廉洁从业实施细则》（以下简称《廉洁从业实施细则》），自发布之日起施行。基金经营机构应当建立健全廉洁从业内部控制制度，制定具体有效的事前防范体系、事中管控措施和事后追责机制，明确董事、监事、高级管理人员和各级负责人的廉洁从业管理职责，落实廉洁从业要求。《廉洁从业实施细则》是与《廉洁从业规定》相配套的自律规则，是结合基金经营机构特点对《廉洁从业规定》所做的细化和补充。基金经营机构及其工作人员在开展证券、期货业务及相关活动中，应同时遵守相关行业自律组织发布的廉洁从业有关规定。

2020年6月5日，协会起草了《私募证券投资基金业绩报酬指引（征求意见稿）》（以下简称《业绩报酬指引》）。基于私募基金在业绩报酬方面的现状，协会在《业绩报酬指引》中确定了私募基金管理人在业绩报酬的机制设计和执行中应遵循的四项原则：利益一致原则、收益实现原则、公平对待原则和信息透明原则。围绕上述四项原则，《业绩报酬指引》对业绩报酬的相关业务逐条做出规范。

2020年10月28日，协会发布《私募投资基金电子合同业务管理办法（试行）（征求意见稿）》，明确了基金当事人及电子合同业务服务机构法律关系、各方权利义务，电子合同含义、法律效力及基本业务范围，规范了电子合同业务服务机构系统评测与认证、运营技术、数据管理等，并规定了协会自律管理及过渡期安排等要求。

2020年10月30日，协会发布《证券投资基金侧袋机制操作细则（试行）》（以下简称《侧袋操作细则》），从侧袋机制启动、实施及资产处置三个阶段，对证券投资基金启用情形和相关操作、启用时的份额申赎、款项支付、分红和费用收取等方面进行了细化，并同时明确了侧袋机制的估值核算、份额登记、信息披露等具体化要求。

3. 运营配套服务环境变化

3.1 私募基金托管业务

截至 2020 年末,获得基金托管人资格的机构为 51 家,合计托管的私募证券基金数量 51 545 只、占全部私募证券基金的 94.88%,相比 2019 年末的 89.30% 显著提升。

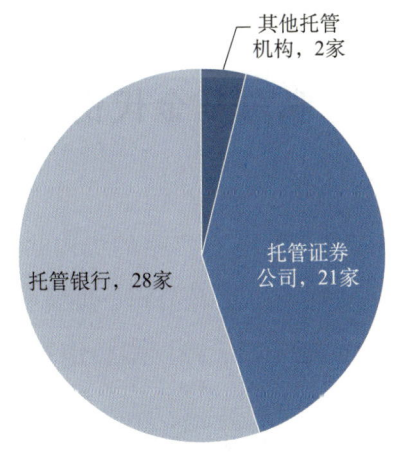

图 3.1.1　获得基金托管人资格的机构类型情况

资料来源:证监会官网。

2020 年 7 月,《证券投资基金托管业务管理办法》(以下简称《托管办法》)第三次进行修订并发布。修订主要内容涉及四个方面:一是落实中美经贸协议,允许符合条件的外国银行在华分行申请基金托管资格;二是完善监管安排,防范基金托管业务风险;三是进一步落实"放管服"改革要求,简化申请材料、优化审批程序;四是统一商业银行与其他金融机构准入标准与监管要求(见表 3.1.1)。

表 3.1.1　　　　　　　　　《托管办法》主要修订内容

主要修订	具体方面
落实中美经贸协议,允许符合条件的外国银行在华分行申请基金托管资格	(一)取消基金托管银行必须为法人的限制; (二)引进优质外国银行; (三)强化配套风险管控机制

续表

主要修订	具体方面
完善监管安排，防范基金托管业务风险	（一）完善基金托管人净资产准入标准； （二）强化监管要求与责任追究
进一步落实"放管服"改革要求，简化申请材料、优化审批程序	简化申请材料并优化审批程序，删除审核环节对申请人筹建情况的现场检查安排，改为"先批后筹"
统一商业银行与其他金融机构准入标准与监管要求	将《非银行金融机构开展证券投资基金托管业务暂行规定》（证监会公告〔2013〕15号）整合并入《托管办法》，商业银行及其他金融机构从事托管业务统一适用，同时废止《非银行金融机构开展证券投资基金托管业务暂行规定》

资料来源：《证券投资基金托管业务管理办法》，中国证监会。

3.2 私募基金代销业务

截至2020年末，具备基金销售业务资格的机构共计426家。机构类型包括国内商业银行、在华外资法人银行、证券公司、期货公司、证券投资咨询机构、保险公司、保险经纪和保险代理公司、独立基金销售机构、公募基金管理公司销售子公司等（见图3.2.1）。

上述机构需受私募基金管理人的委托、从事私募基金代销业务。

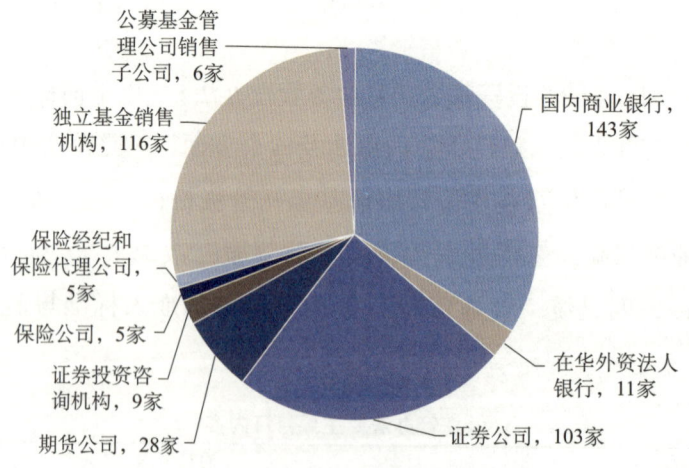

图 3.2.1 具备基金销售资格的机构类型数量分布

资料来源：中国证券投资基金业协会。

根据招商银行—贝恩公司高净值人群调研分析数据,一站式解决方案、便捷的智能化服务、全流程沟通和服务、关键决策节点沟通等,成为高净值人群的核心体验要求(见图3.2.2)。客户需求驱动私募基金代销机构的服务转型和升级。

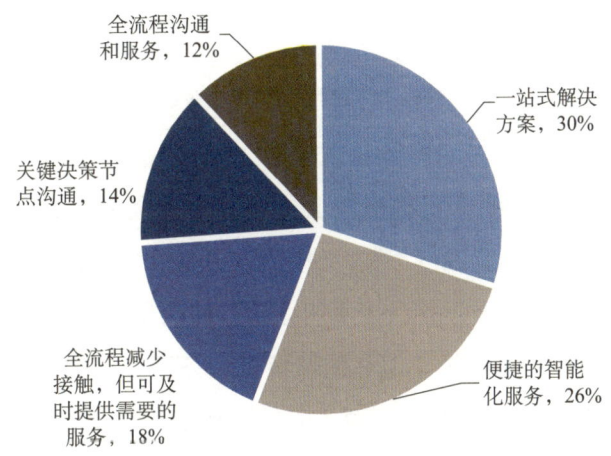

图 3.2.2　中国高净值人群的私人银行体验要求

资料来源:《2021中国私人财富报告》,招商银行—贝恩公司高净值人群调研分析。

3.3　私募基金服务业务[①]

为完善私募基金服务机构准入与退出机制,建立公平、科学、可持续的信用评估体系,协会根据《基金法》及其他私募基金法规要求,秉持会员管理标准,依照《基金法》信义义务要求,制定了涵盖"合规风控、人力资本、运营能力、金融科技和生态培育"五大维度的私募基金服务机构评估体系,筛选符合条件的私募基金服务机构登记入会(见表3.3.1)。《私募投资基金服务业务管理办法(试行)》自2019年12月颁布以来,进一步提升基金行业专业化、细致化分工,促进私募基金服务行业规范化发展。

[①] 私募基金服务业务,主要指私募基金管理人委托私募基金服务机构(简称服务机构),为私募基金提供基金募集、投资顾问、份额登记、估值核算、信息技术系统等服务业务。私募基金管理人应当委托在协会完成登记并已成为协会会员的服务机构提供私募基金服务业务。私募基金管理人委托服务机构从事私募基金募集、投资顾问等业务的相关规定,由协会另行规定。

表 3.3.1　　　　　私募基金服务机构评估体系的五大维度

主要维度	具体信息
合规风控	考察机构重大处罚、法律意见书、组织架构与风险隔离、管理人准入与协议签署、风险处置和内控及业务审计等情况
运营能力	考察机构估值核算、份额登记等核心服务及服务业务流程整体设计等情况
金融科技	考察机构总体科技战略规划以及接口管理、数据备份、执行程序和源代码测试、系统运维保障、信息安全等情况
人力资本	考察机构人才资质与经验、考核与激励等情况
生态培育	考察机构市场分析与展业策略定制、服务定价合理性和专业化经营等

资料来源：中国证券投资基金业协会。

截至2020年末，共48家机构在协会备案成为基金服务机构，其中证券公司22家、基金公司8家、商业银行8家、独立服务机构4家、信息技术公司6家。其服务内容主要包括份额登记业务、估值核算业务和信息技术系统服务。48家服务机构中，44家同时备案为份额登记和估值核算业务服务机构，3家备案为信息技术系统服务机构，1家同时备案为份额登记、估值核算和信息技术系统服务机构。

截至2020年末，商业银行、证券公司、基金管理公司、独立服务机构等，合计服务证券私募基金规模约3.39万亿元、数量约5.31万只。其中，证券公司占比最高，规模占比77.48%、数量占比82.78%；其次为独立服务机构，占比分别为19.79%和16.20%。

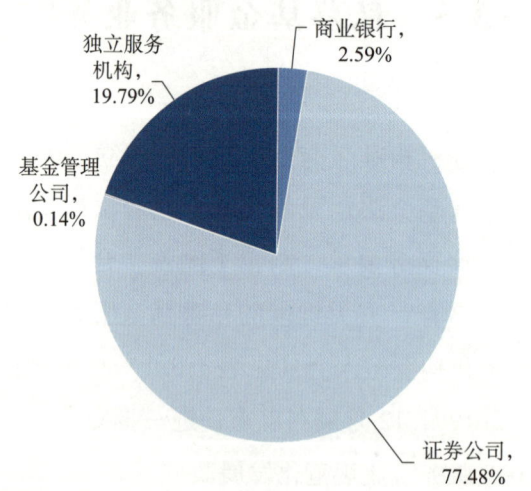

图 3.3.1　2020年私募证券基金的服务情况（规模占比）

资料来源：中国证券投资基金业协会。

4. 基金规模

4.1 私募证券基金规模

4.1.1 私募证券基金规模大幅增长

2020年，私募证券基金规模大幅增长。截至2020年末，私募证券基金整体规模为4.30万亿元，较2019年末增长1.74万亿元，增幅达67.97%（见图4.1.1）。私募证券基金在经历2017—2018年的平稳发展时期后再次迎来行业的快速发展。其中，2017—2018年受到监管加强和股票市场表现低迷等多方面的影响，行业发展放缓。2019年，股票市场回暖，行业恢复增长。2020年，受到股票市场表现良好和居民资产再配置向权益类资产倾斜的共同作用，行业发展再次提速。

4.1.2 自主发行类基金占比进一步提升

从不同管理方式来看[①]，自主发行类基金贡献了绝大部分的规模增长。如图4.1.1所示，自主发行类基金规模由2019年末的2.06万亿元增至2020年末的3.70万亿元，增幅达79.61%；顾问管理类基金规模由2019年末的5 025亿元增至2020年末的5 958亿元，增幅为18.57%[②]。

因自主发行类基金规模增长显著快于顾问管理类基金，其在私募证券基金整体规模中的占比进一步提升。自主发行类基金规模占比由2019年末的80.38%升至2020年末的86.14%，提升5.76个百分点。自2016年第四季度以来，自主发行类基金规模占比持续提升（见图4.1.2）。

[①] 私募证券基金根据管理方式不同，可以分为自主发行类和顾问管理类。顾问管理类基金主要为基金管理公司、证券公司、信托公司、保险资产管理公司等金融机构设立、私募管理人作为投资顾问提供投资建议的资管计划或投资计划产品。

[②] 受版面空间所限，文中数据与相应图中数据的单位表示有所差别，图中数据采用四舍五入方式展现。若无特别提示，本书中均按此标准表述。

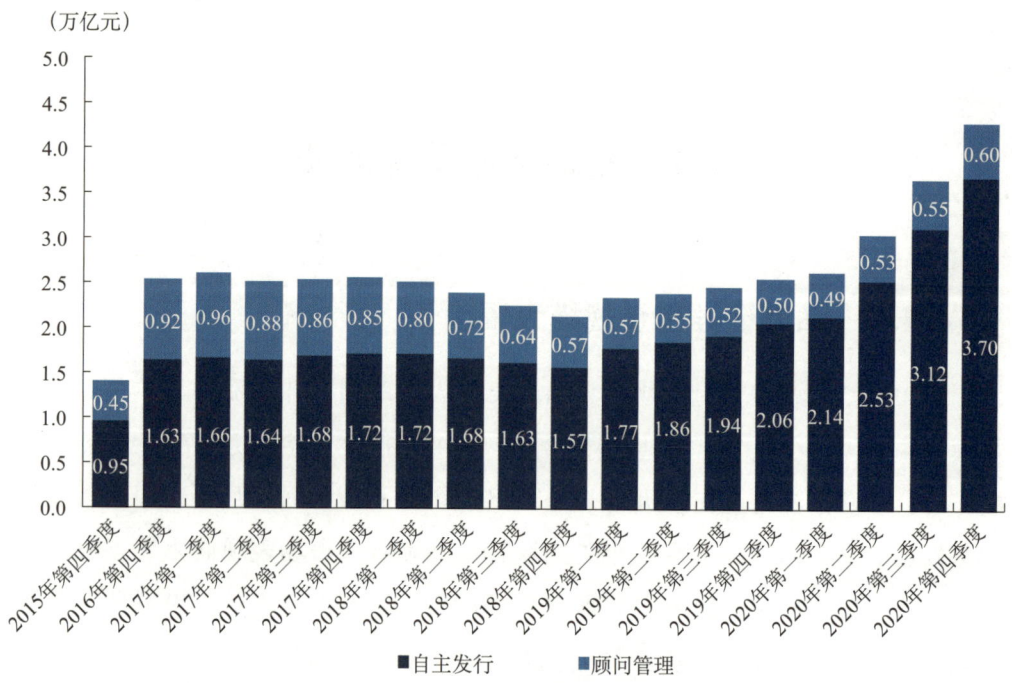

图 4.1.1　不同管理方式的私募证券基金规模

资料来源：中国证券投资基金业协会。

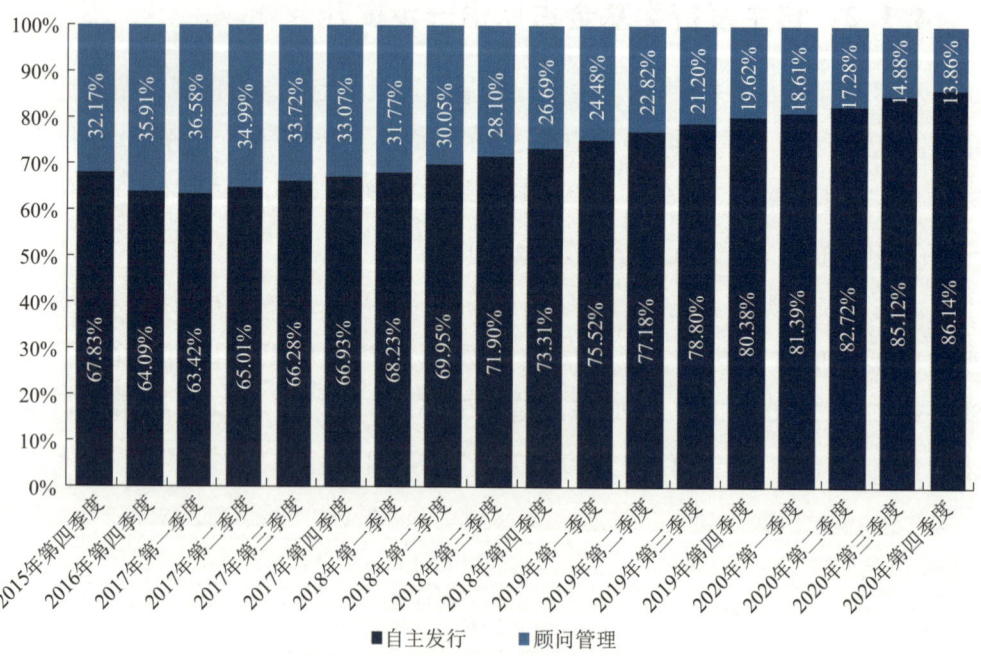

图 4.1.2　不同管理方式的私募证券基金规模占比

资料来源：中国证券投资基金业协会。

4.1.3 量化私募产品规模增速较快

2020年量化基金规模大幅增长。截至2020年末，共有量化策略基金11 598只（含FOF），合计净资产规模5 463.08亿元，分别占自主发行类私募证券基金总只数和总规模的22.58%和14.76%，较2019年分别增长32.13%和104.94%。

从投资者构成来看，截至2020年末，在协会备案的量化私募产品中，自然人投资者①数量为8.10万人，出资金额2 440.28亿元，占比分别为78.23%、44.67%；而总体私募证券基金产品的自然人投资者数量为41.47万人，出资金额14 254.78亿元，占比分别为88.00%、45.51%。量化私募产品的自然人投资者数量和出资金额占比均低于私募证券基金产品的平均水平；企业等境内外机构投资者②在量化私募产品中的出资金额为642.35亿元，占比达11.76%。低于总体私募证券基金产品平均水平6.72%；私募基金产品、资管计划、银行理财等出资金额占比达43.57%，高于总体私募证券基金产品平均水平7.73%（见图4.1.3、图4.1.4、图4.1.5和图4.1.6）。

在量化私募产品规模迅速增长的同时，采用量化投资策略的私募证券基金管理人也明显增加，共有2 374家私募证券基金管理人在协会备案产品时勾选了量化字段。规模前十名的私募证券基金管理人中，不乏以量化投资策略为主的管理人。

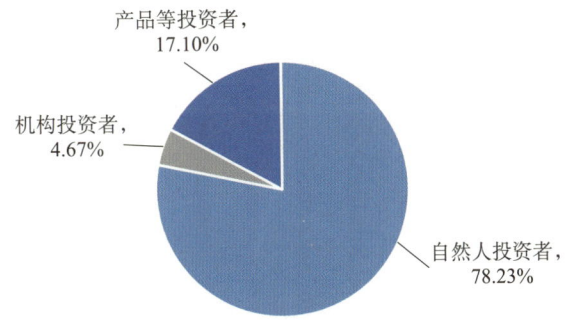

图4.1.3 量化私募产品投资者数量占比分布

---

① 自然人投资者，包括自然人（员工跟投）和非自然人（非员工跟投）。
② 机构投资者，包括境内法人机构（公司等）、境内非法人机构（一般合伙企业等）和境外机构等。

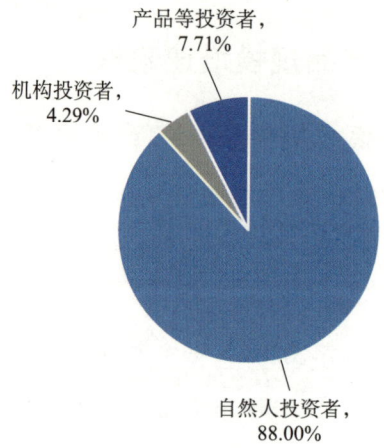

图 4.1.4　私募证券基金产品投资者数量占比分布

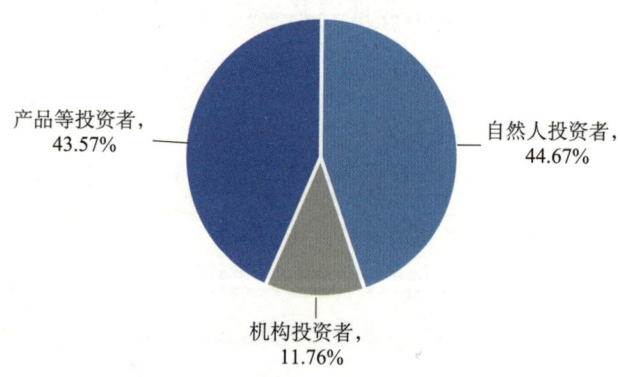

图 4.1.5　量化私募产品投资者出资金额

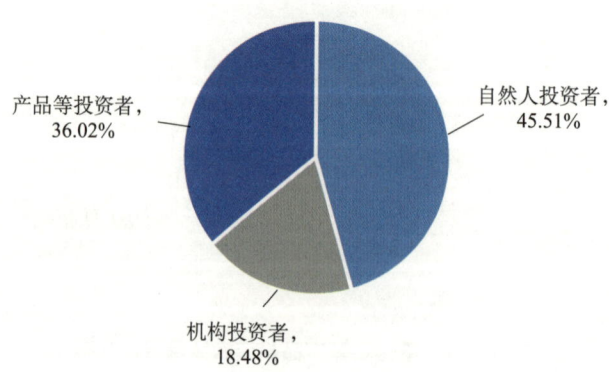

图 4.1.6　私募证券基金产品投资者出资金额占比分布

4.2 私募证券基金规模与公募基金规模比较

4.2.1 公募基金规模大幅增长，权益类基金贡献最大

与私募证券基金类似，2020年公募基金规模大幅增长，增幅达34.70%。其中，开放式基金规模增长约占80%。开放式基金中，规模增长主要由混合型和股票型基金贡献，两者合计增长3.23万亿元，贡献了开放式基金规模增长的77.59%。

私募证券基金规模相对于公募基金整体和非货币公募基金的比例有所回升，但相对开放式权益类公募基金的比例再次下降。其中，2020年私募证券基金规模相对于公募基金整体的比例提升4.32个百分点至21.61%，相对于非货币公募基金的比例提升2.94个百分点至36.30%，但相对于开放式权益类公募基金的比例下降了13.11个百分点，降至66.94%（见图4.2.1）。

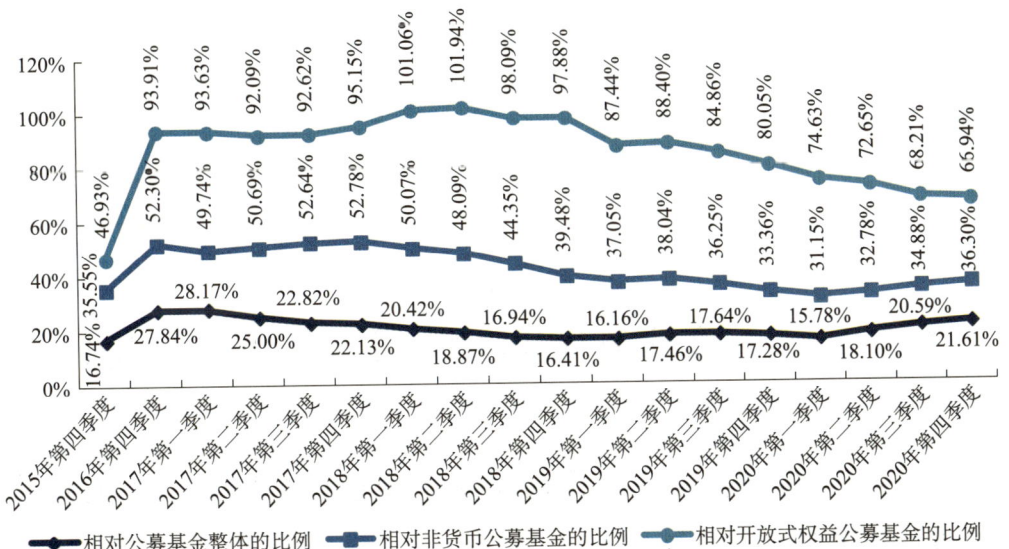

图 4.2.1　私募证券基金规模与公募基金的比较

资料来源：中国证券投资基金业协会。

4.2.2 私募证券基金相对权益类公募基金的规模差距显著扩大

2016年第四季度末至2018年第四季度末,私募证券基金规模与开放式权益类公募基金较为接近,但2019年以来两者规模差距快速扩大。2018年末,私募证券基金规模相对于开放式权益类公募基金差距仅为463亿元,而2020年末该差距扩大至2.12万亿元(见图4.2.2)。

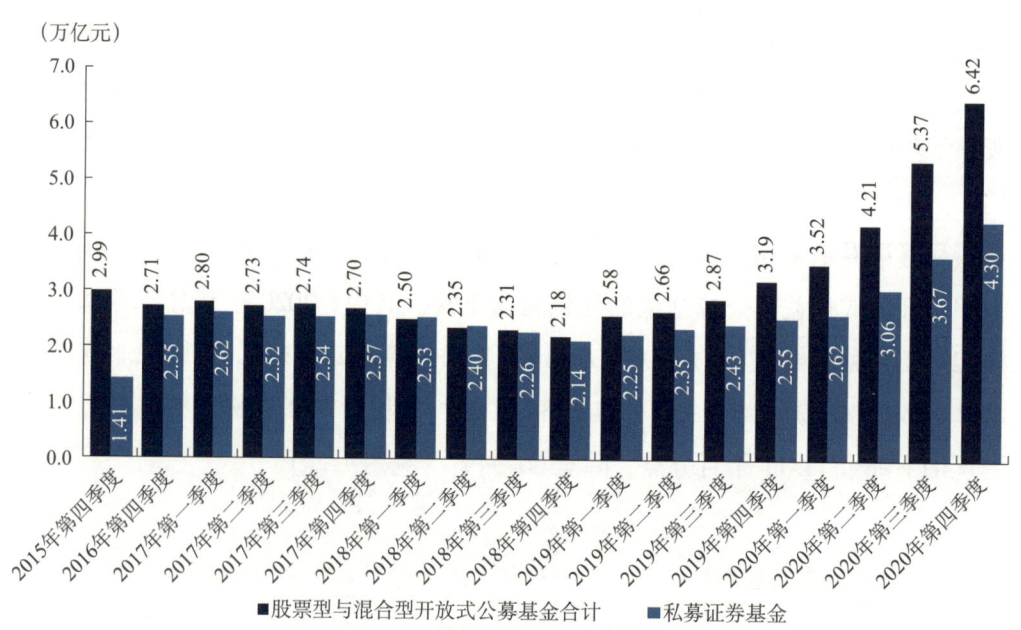

图4.2.2 私募证券基金规模与开放式权益类公募基金比较

资料来源:中国证券投资基金业协会。

4.3 私募证券基金与其他类型私募基金规模比较

4.3.1 私募证券、股权创投基金规模保持增长,其他私募基金规模下降

2020年私募基金整体规模大幅增长,全年增长2.89万亿元至16.96万亿元,增幅为20.54%。除了私募证券基金实现较快增长外,私募股权创投基金也

继续增长,增长金额为 1.47 万亿元,增幅 14.68%;而其他私募基金规模下降 0.34 万亿元。

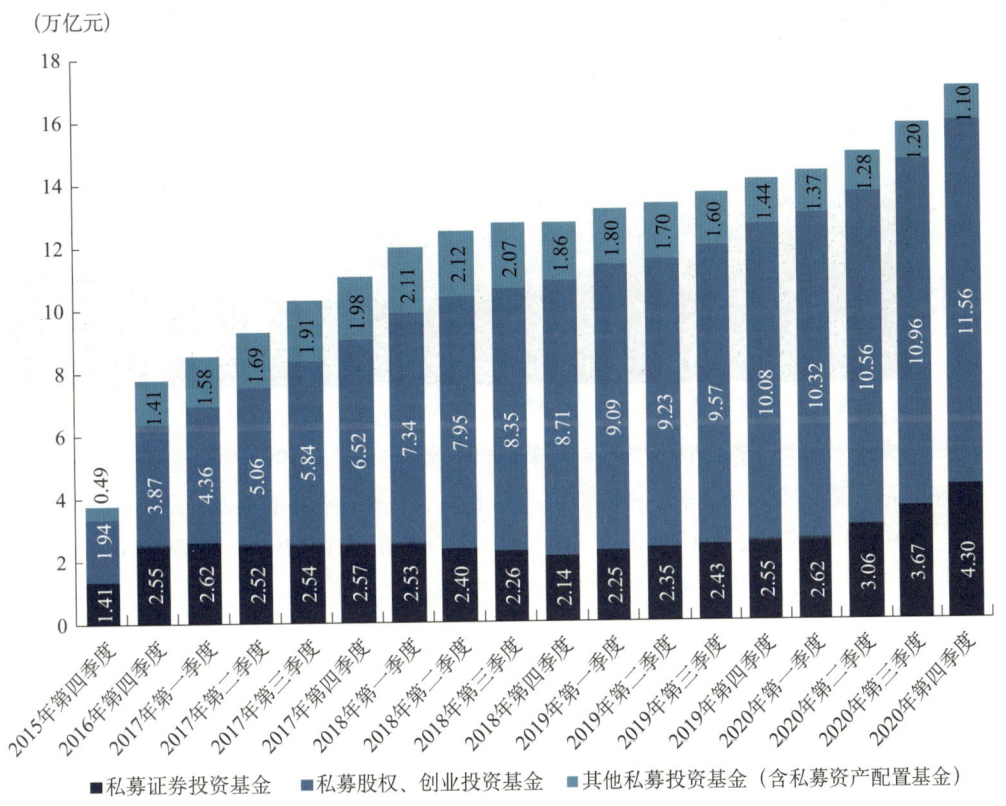

图 4.3.1　不同类型私募基金的规模比较

资料来源:中国证券投资基金业协会。

4.3.2　私募证券基金规模在行业占比进一步回升

私募证券基金规模增速快于私募股权创投基金。2020 年私募证券基金、私募股权创投基金均实现了规模增长,但是前者增长金额达到 1.75 万亿元,高于后者的 1.48 万亿元,且因前者规模基数较低,其增幅 68.39% 显著高于后者的 14.70%。私募证券基金在私募基金行业整体规模中的占比进一步提高,由 18.13% 升至 25.34%(见图 4.3.2)。

2020 年私募股权创投基金规模占比首次出现下滑。私募股权创投基金规模由 2015 年第四季度末的 50.59% 持续升至 2020 年第一季度末的 72.08%,但 2020 年第二季度以来,首次出现下降。虽然私募股权创投基金规模有所下降,

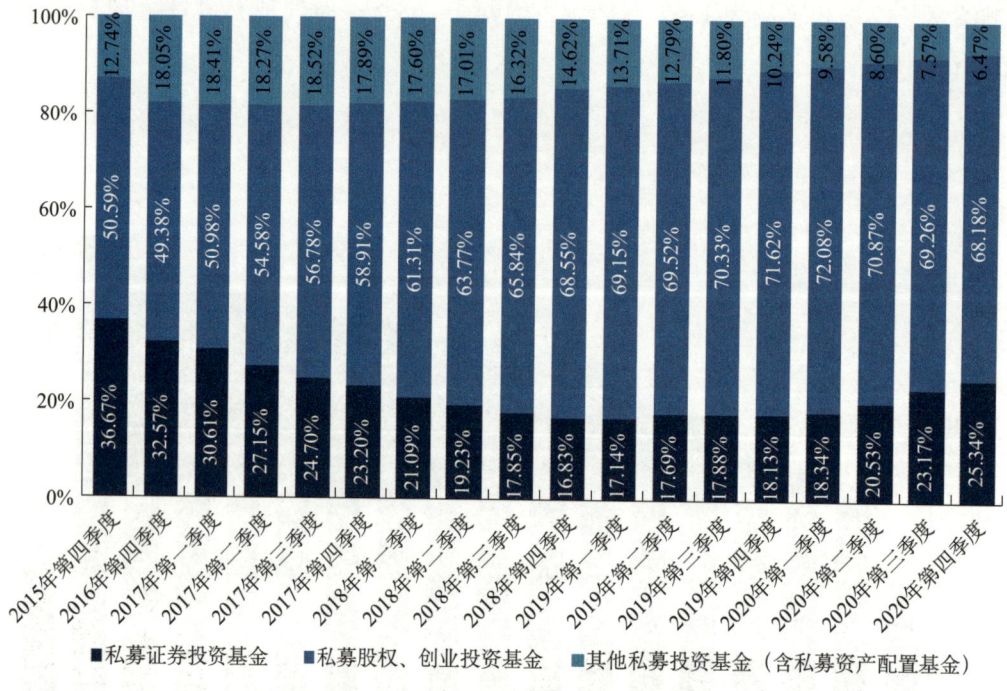

图 4.3.2 不同类型私募基金规模占比情况

资料来源：中国证券投资基金业协会。

但是其绝对规模金额和规模占比仍处于较高水平，是私募基金的主要品类。

不同类型私募基金各年规模增幅如图 4.3.3 所示。

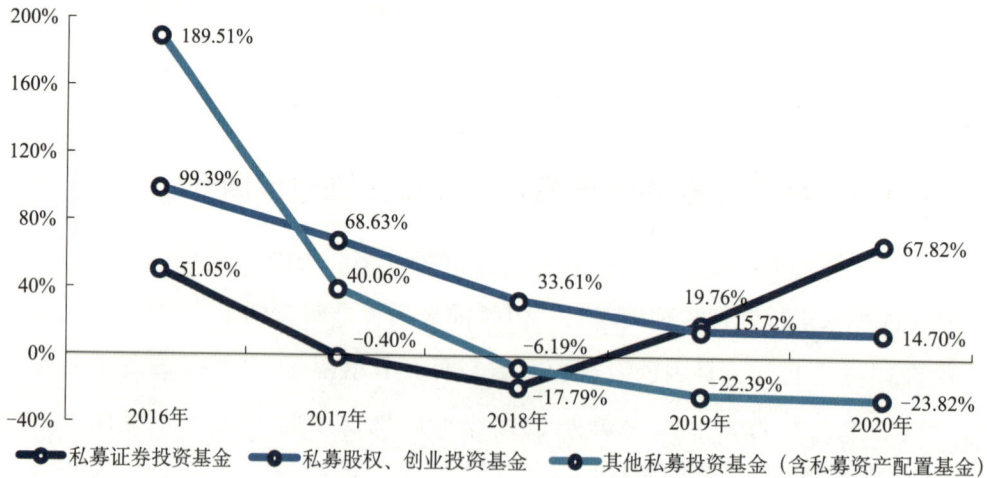

图 4.3.3 不同类型私募基金各年规模增幅

资料来源：中国证券投资基金业协会。

4.4 国内私募证券基金与美国对冲基金规模比较[①]

4.4.1 美国对冲基金规模保持小幅增长

2020年前三季度美国对冲基金规模保持小幅增长。根据美国证监会（SEC）的数据，截至2020年末[②]，美国对冲基金总资产规模[③]为8.78万亿美元，净资产规模为4.66万亿美元，分别较2019年末增长12.56%和7.33%（见图4.4.1）。

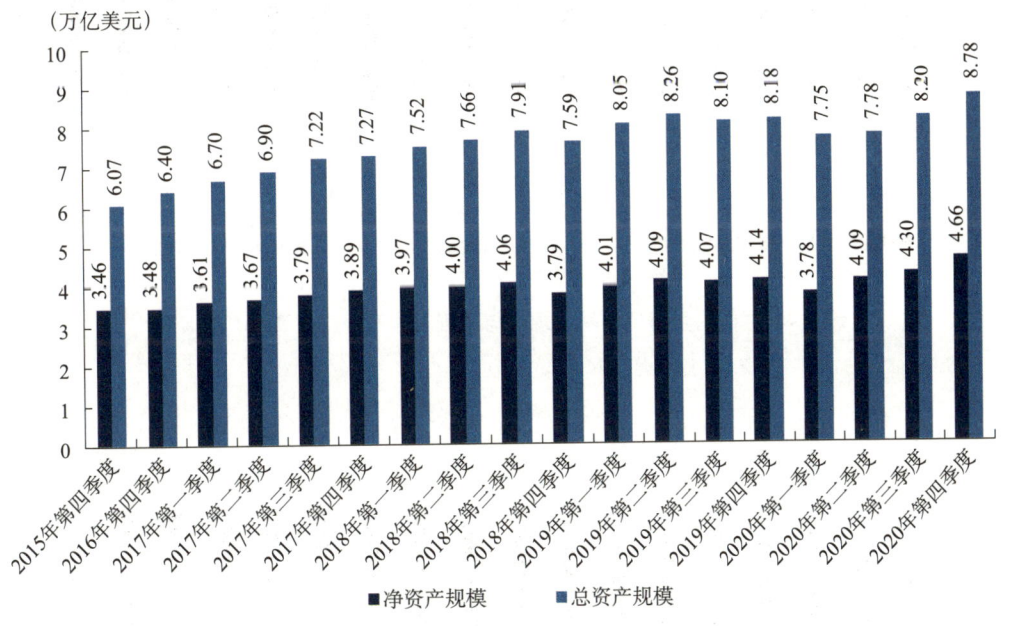

图4.4.1　美国对冲基金行业规模

资料来源：SEC。

---

① 此处所称"美国对冲基金"指受到美国证监会（SEC）监管同时需定期向美国证监会报送PF Form数据的国际对冲基金，包括较多注册于开曼群岛以及其他国家和地区的国际对冲基金，不局限于注册地为美国的对冲基金。
② 报告写作时美国对冲基金最新数据截至2020年第三季度末。
③ 美国对冲基金多数使用一定的杠杆资金进行运作，即通过融入资金增加可运用的资产规模，其中基金总资产＝基金净资产＋基金负债。本书中，国内私募证券基金规模指的是净资产规模；由于国内私募证券基金使用杠杆资金的情况较少，总资产规模相较于净资产规模的差异应不大。

4.4.2 国内私募证券基金规模相对美国对冲基金的比例继续提升

由于国内私募证券基金行业的较快发展，2020年末，国内私募证券基金规模相对于美国对冲基金的比例继续提升，其中相对美国对冲基金总资产规模的比例由2019年末的4.24%提升至2020年末的7.51%，相对于美国对冲基金净资产规模的比例由2019年末的8.46%提升至2020年第四季度末的14.13%（见图4.4.2和图4.4.3）。

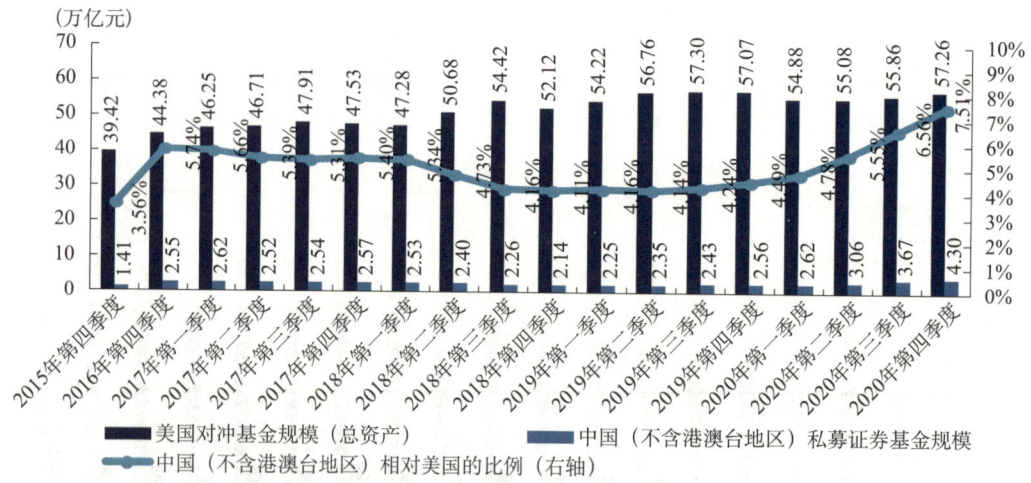

图4.4.2　国内私募证券基金规模与美国对冲基金（总资产）的比较

资料来源：中国证券投资基金业协会，SEC。

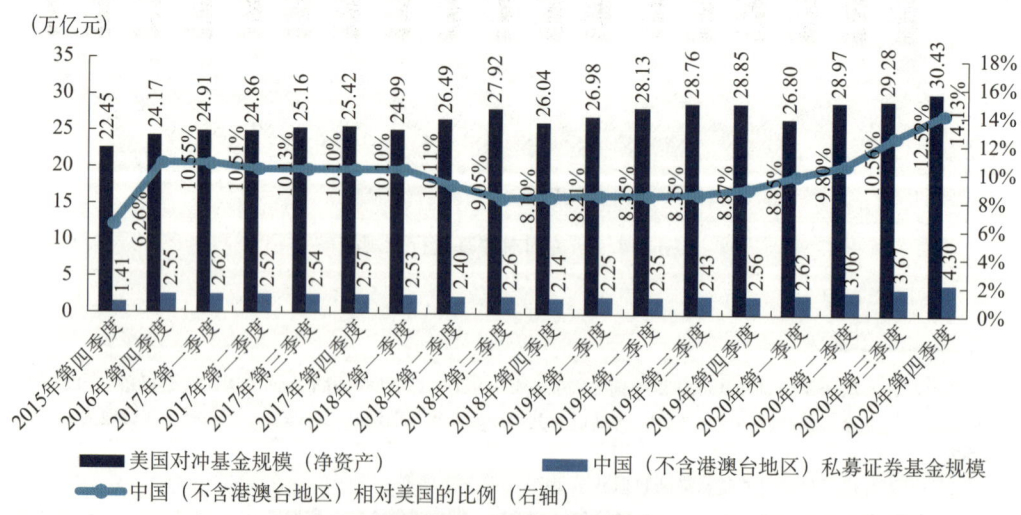

图4.4.3　国内私募证券基金规模与美国对冲基金（净资产）的比较

资料来源：中国证券投资基金业协会，SEC。

4.5 基金规模增长由业绩增长和资金净流入共同推动

基金规模变动影响因素一般包括两个方面,一是基金净值涨跌导致的规模变动,二是投资者申购或赎回导致的规模变动(含成立和清算导致的规模变动)。以下称前者为业绩涨跌导致的规模变动,后者为资金申赎(或称"资金净流入")导致的规模变动。

4.5.1 业绩上涨和资金净流入共同推动规模增长

2020年,自主发行类基金规模增幅远高于顾问管理类。自主发行类私募证券基金规模增长4 584.64亿元,占私募证券基金全年规模增长的93.42%;2020年顾问管理类私募证券基金规模仅增长322.83亿元,占私募证券基金全年规模增长的6.57%(见图4.5.1)。

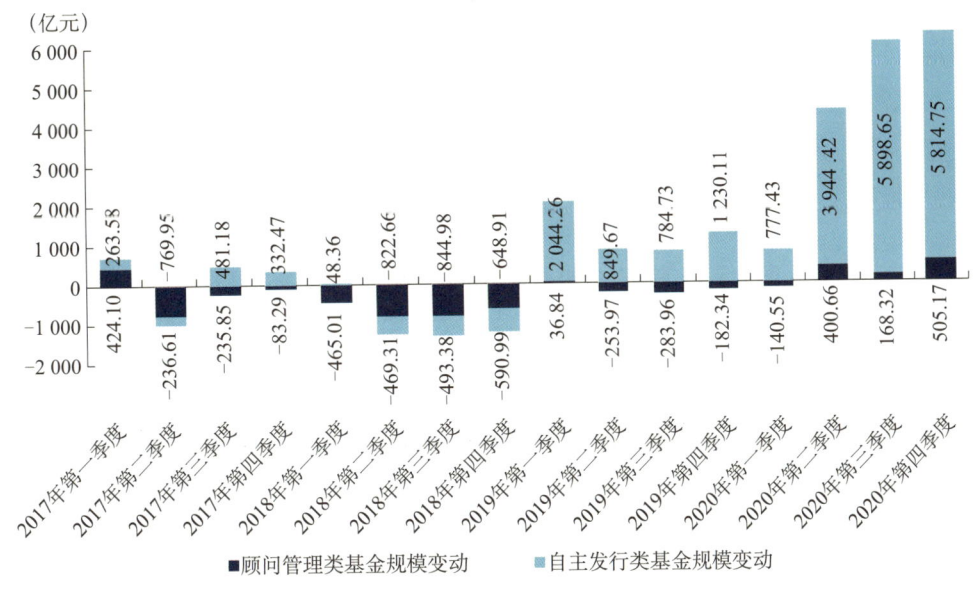

图4.5.1 不同类型私募证券基金各季度规模变动

资料来源:中国证券投资基金业协会。

2020年私募证券基金规模增长由业绩上涨和资金净流入共同推动,其中资金净流入贡献相对更大。2020年自主发行类私募证券基金行业规模增长中，约7 109亿元由业绩上涨贡献，占比43.25%；约9 326亿元由资金净流入贡献，占比56.75%。从各季度来看，四个季度资金净流入均为正贡献，前三季度呈现加速趋势，第四季度有所回落。

相较于前几年，2020年行业资金净流入达到较高水平。自主发行类基金中，2017—2019年各年资金净流入分别约-397亿元、205亿元、1 841亿元，处于较低水平，行业规模变动主要受到业绩涨跌影响。相对于2019年而言，2020年资金净流入贡献显著增加（见图4.5.2）。

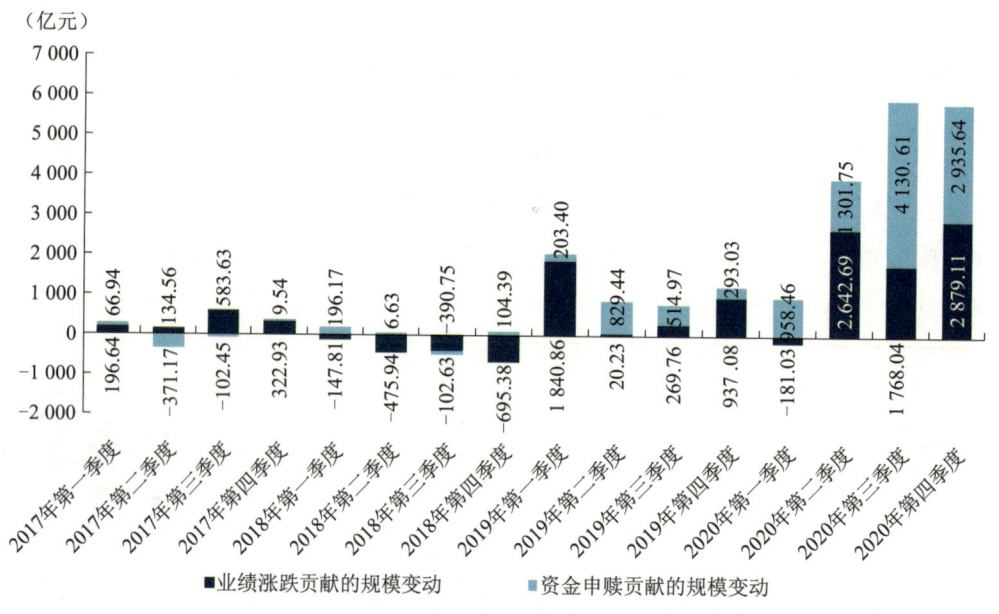

图4.5.2　自主发行类私募证券基金各季度规模变动分解

资料来源：中国证券投资基金业协会。

4.5.2　资金大幅流入股票策略，其他策略总体呈现资金净流出

从不同策略来看，2020年私募证券基金规模增长基本由股票策略贡献。如图4.5.3所示，2020年自主发行类私募证券基金规模增长约1.64万亿元，而股票策略规模增长约1.77万亿元，非股票策略规模整体下降1 317亿元。非股票策略中，债券策略、多策略、事件驱动等策略规模下降相对较大，分别下降1 176.35亿元、1 049.08亿元和728.59亿元。

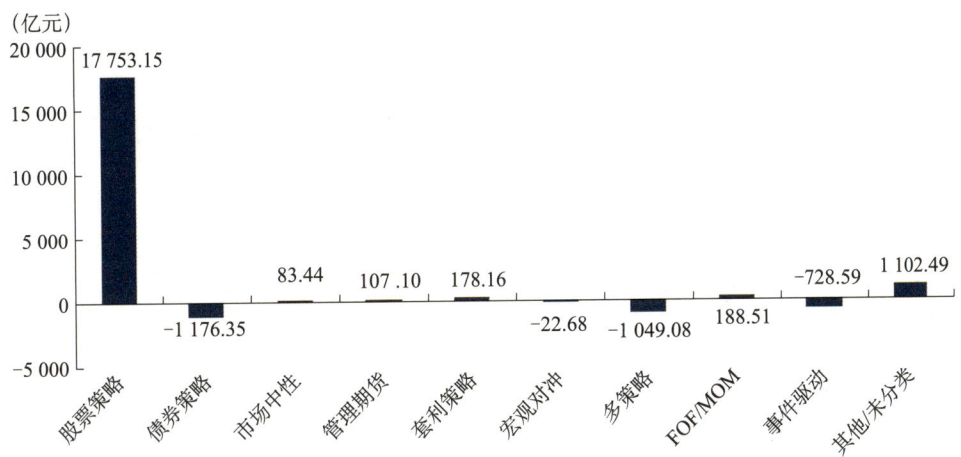

图 4.5.3　2020 年自主发行类私募证券基金不同策略规模变动

资料来源：中国证券投资基金业协会。

从影响规模变动的不同因素来看，业绩涨跌对各策略均有正贡献，但对股票策略的正贡献占绝大部分，且股票策略获得绝大部分的资金净流入，非股票策略多出现资金净流出。其中，股票策略业绩上涨和资金净流入分别贡献了约 6 175.67 亿元、11 577.48 亿元的规模增长；在非股票策略上，业绩上涨均带来正贡献，但是带来的规模增长金额较为有限，资金流方面以净流出为主，其中债券策略、多策略、事件驱动策略资金净流出相对较大，分别约 1 220.69 亿元、1 217.02 亿元和 791.13 亿元（见图 4.5.4）。

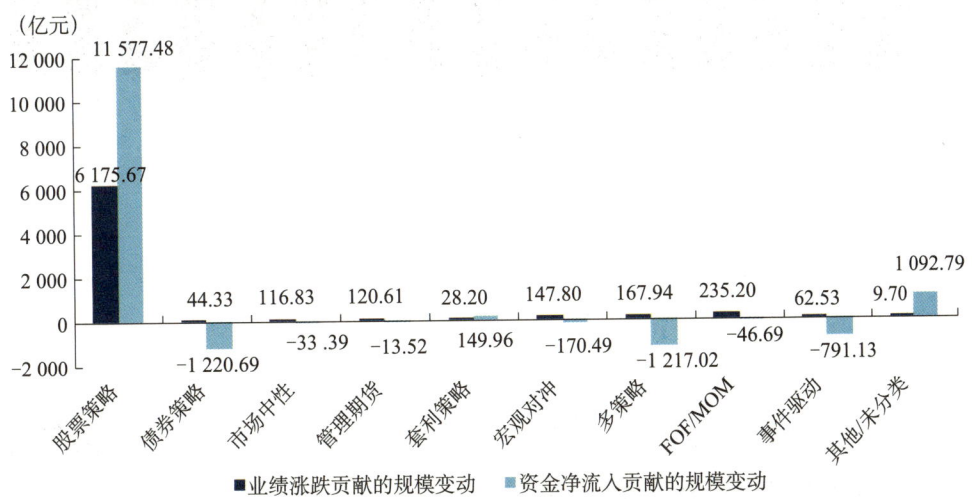

图 4.5.4　2020 年自主发行类私募证券基金不同策略产品规模变动分解

资料来源：中国证券投资基金业协会。

4.6 私募证券基金行业整体的资产配置

4.6.1 股票配置继续提升，固收配置再次下降

2020 年私募证券基金整体的资产配置延续了 2019 年的变化趋势，即增加股票类资产配置，降低固收类资产配置。在自主发行类私募证券基金中，2019 年股票类资产配置比例提升 15.54 个百分点，2020 年继续提升 5.07 个百分点至 63.66%；2019 年固收类资产配置比例下降 2.76 个百分点，2020 年继续下降 4.68 个百分点至 8.67%；2020 年现金类资产配置比例小幅提升 0.27 个百分点至 13.20%，衍生品配置比例小幅提升 0.47 个百分点至 1.68%。

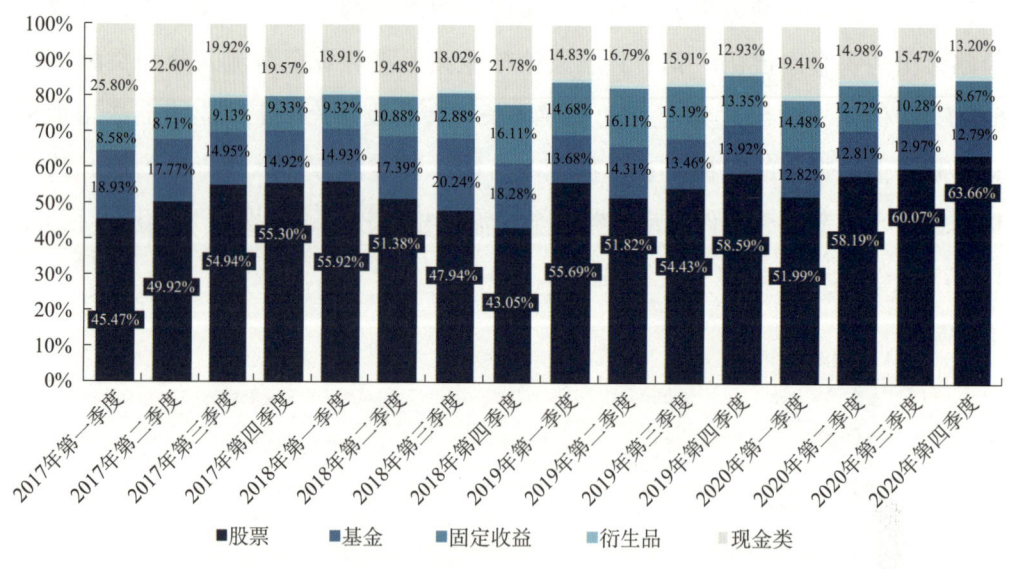

图 4.6.1 自主发行类私募证券基金各季度资产配置比例

资料来源：中国证券投资基金业协会。

4.6.2 在股票配置中投向制造业的比例继续上升，投向金融业和信息业的配置比例下降

2020 年股票在制造业的配置比例进一步提升。2020 年自主发行类私募证券

基金股票资产的行业配置中,第一大行业为"制造业",占比为68.58%;第二大行业为"金融业",占比为8.00%;第三大行业为"信息传输、软件和信息技术服务业",占比6.25%。

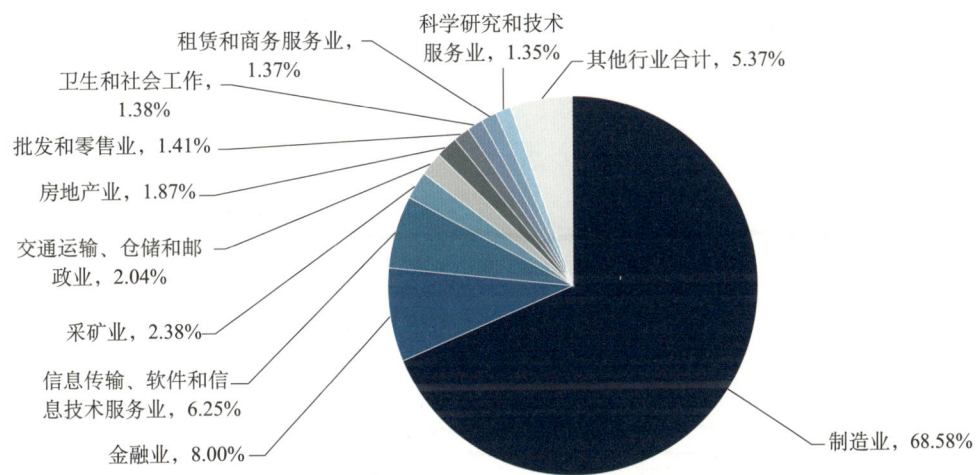

图4.6.2　2020年末自主发行类私募证券基金股票资产前十大行业配置比例

资料来源:中国证券投资基金业协会。

2020年配置比例变化最大的前五大行业中,仅制造业配置比例提升,其他行业配置比例不同程度降低。如图4.6.3所示,"金融业""信息传输、软件和信息技术服务业""房地产业""批发和零售业"配置比例分别下降3.98、1.56、1.40和0.85个百分点,"制造业"配置比例在2019年提升3.72个百分点的基础上进一步提升7.63个百分点。

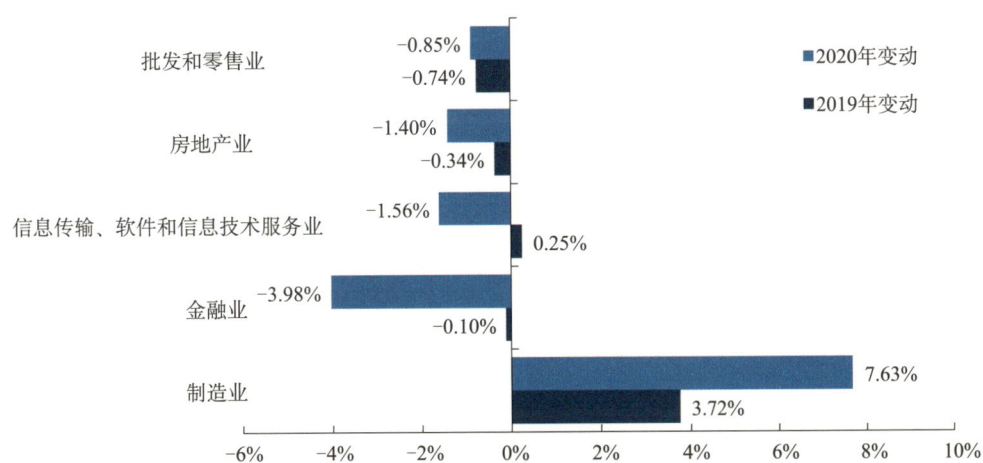

图4.6.3　2020年自主发行类私募证券基金股票资产行业配置变动前五大行业

资料来源:中国证券投资基金业协会。

近几年私募证券基金整体配置进一步向制造业集中。从私募证券基金行业的前三大行业配置来看,"制造业"配置比例经历了一个"先平后升"的过程(2017—2018年变化不大,2019—2020年提升);"金融业"配置比例经历了一个"先升后降"过程(2017—2018年提升,2019—2020年回落);"信息传输、软件和信息技术服务业"则整体变化不大。

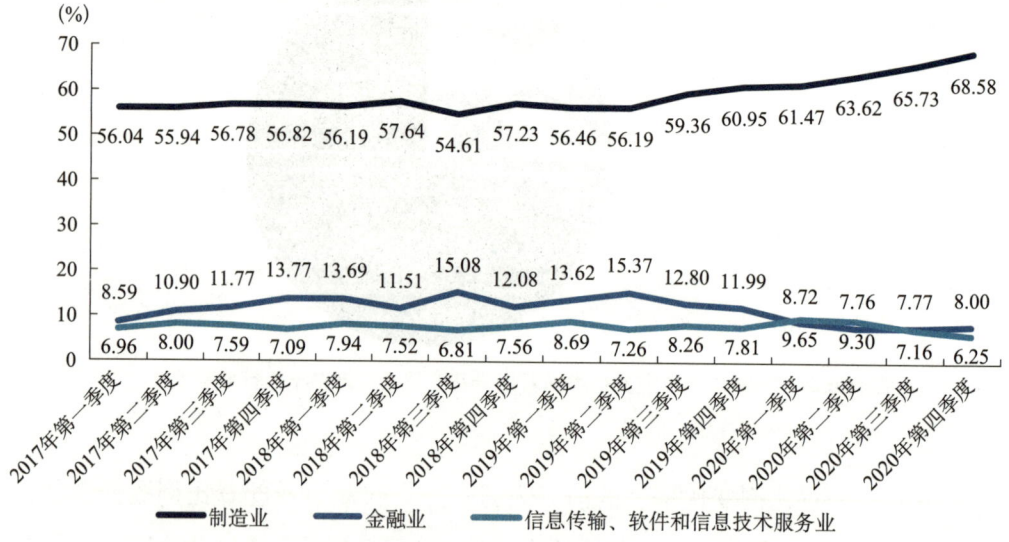

图 4.6.4　自主发行类私募证券基金股票资产的前三大行业配置趋势

资料来源:中国证券投资基金业协会。

5. 基金管理人

5.1 基金管理人概况

2020年私募证券基金行业平稳发展，2020年末私募证券基金管理人数量为 8 908 家①，较 2019 年小幅增加 51 家，增幅约 0.58%（见图 5.1.1）。

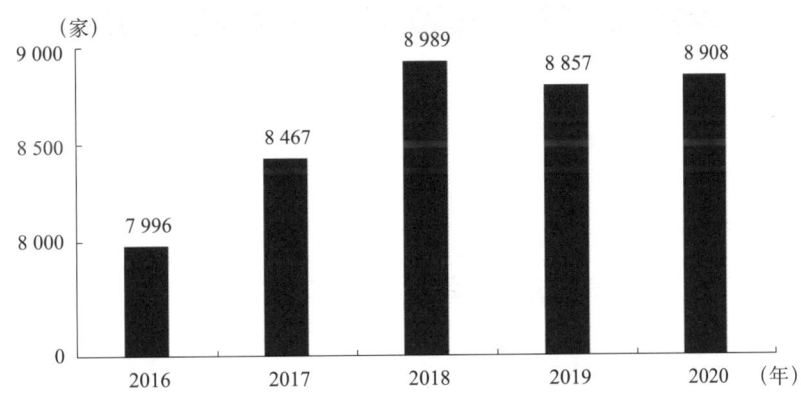

图 5.1.1　2016—2020 年私募证券基金管理机构数量变化

资料来源：中国证券投资基金业协会。

5.2 行业集中度

5.2.1 前 10、前 25、前 100、前 250、前 500 名管理人规模份额

截至 2020 年末，规模前 10 名的私募证券基金管理机构占行业总规模比例为 23.46%；规模前 25 名的机构占行业总规模的 34.16%；规模前 100 名的机构占行业总规模的 57.28%；规模前 250 名的机构占行业总规模的 72.89%；规模前 500 名的机构占行业总规模的 83.72%（见图 5.2.1）。

---

① 私募证券基金管理人，本《报告》中如无特别说明，含未在 AMBERS 系统中确定自身机构类型但在原备案系统中主要业务类型为私募证券基金的管理人。

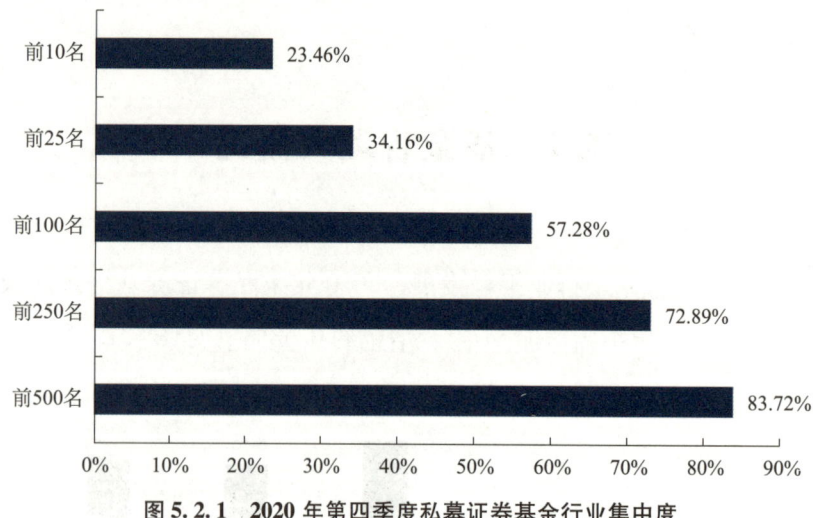

图 5.2.1 2020 年第四季度私募证券基金行业集中度

资料来源：中国证券投资基金业协会。

5.2.2 不同规模区段管理人数量和规模

如图 5.2.2 和图 5.2.3 所示，截至 2020 年末，已在协会登记的私募证券基金管理人中，管理规模 100 亿元以上的 72 家，数量占比为 0.81%；规模 22 337.37 亿元，规模占比为 51.71%。管理规模 50 亿—100 亿元的 76 家，数量占比 0.85%；规模 5 317.76 亿元，规模占比为 12.31%。管理规模 20 亿—50 亿元的 204 家，数量占比 2.29%；规模 6 235.76 亿元，规模占比为 14.44%。管理

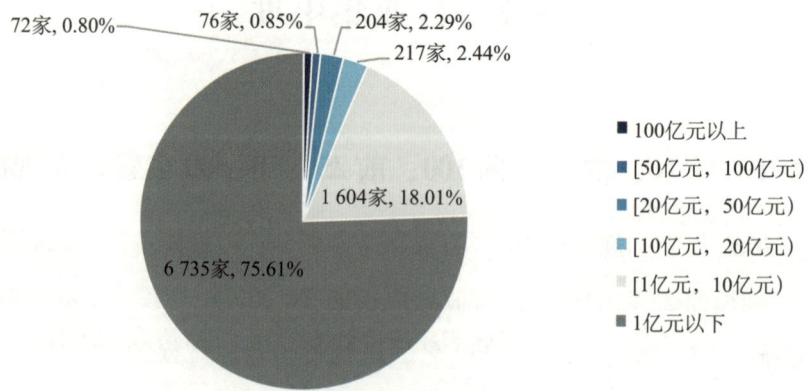

图 5.2.2 2020 年末私募证券基金管理人数量分布（按管理资产规模区间统计）

资料来源：中国证券投资基金业协会。

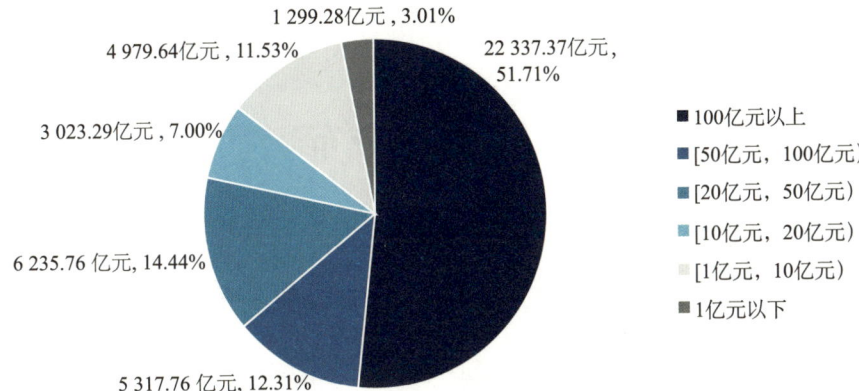

图 5.2.3　2020 年末私募证券基金管理人规模分布（按管理资产规模区间统计）

资料来源：中国证券投资基金业协会。

规模 10 亿—20 亿元的 217 家，数量占比 2.44%；规模 3 023.29 亿元，规模占比为 7.00%。管理规模 1 亿—10 亿元的 1 604 家，数量占比 18.01%；规模 4 979.64 亿元，规模占比为 11.53%。管理规模 1 亿元以下的 6 735 家，数量占比 75.61%；管理规模 1 299.28 亿元，规模占比为 3.01%。

5.2.3　行业集中度对比分析：国内私募证券基金管理人集中度高于美国对冲基金

截至 2020 年第三季度末，美国对冲基金行业中，管理规模前 10 名的机构占行业总规模的 7.50%，规模前 50 名的机构占行业总规模的 20.40%，规模前 100 名的机构占行业总规模的 28.70%，规模前 500 名的机构占行业总规模的 56.70%（见图 5.2.4）。

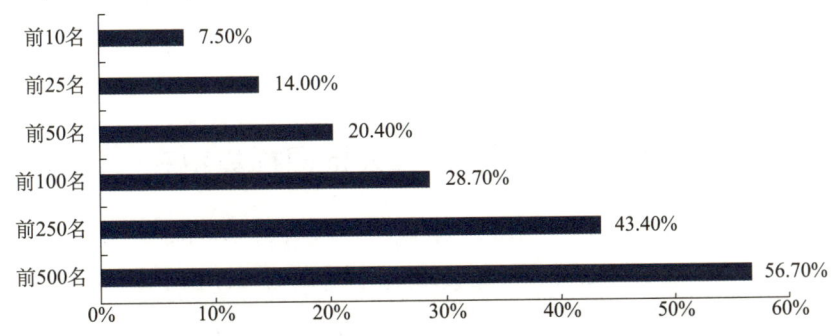

图 5.2.4　2020 年第三季度美国对冲基金行业集中度

资料来源：SEC。

5.3 区域分布

5.3.1 私募证券基金管理人注册地仍集中在一线城市

私募证券基金管理人选择工商注册地址，通常综合考虑当地的经济发展程度、税收优惠政策力度、人才集中度、交通便利程度等。私募证券基金管理人注册地和办公地主要集中在一线城市和东南沿海经济发达地区，中西部地区占比较低。

截至2020年末，私募证券基金管理人注册地主要集中在上海、北京、广东、深圳、浙江、江苏等地，管理人数量合计7 268家，占私募证券基金管理人总数的81.59%；管理基金规模约3.66万亿元，占全体私募证券基金管理人管理基金规模的84.69%（见图5.3.1）。

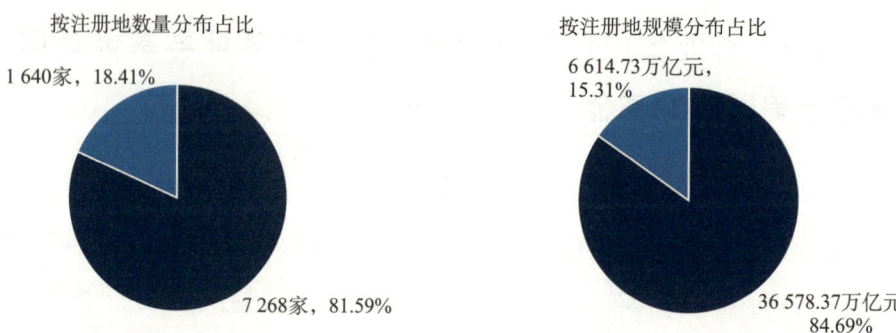

图5.3.1 2020年私募证券基金管理人数量和管理基金规模区域分布统计（按注册地统计）

5.3.2 私募证券基金管理人办公地同样集中在一线城市

私募证券基金管理人办公地的主要集中地区与注册地基本一致，主要在上海、北京、广东、深圳、浙江、江苏；管理人数量合计7 053家，占私募证券基金管理人总计数量的79.18%；管理基金规模约3.91万亿元，占所有私募证券基金管理人管理基金规模的90.52%（见图5.3.2）。

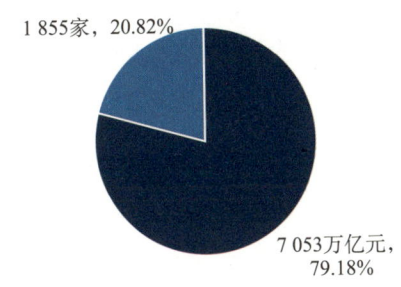
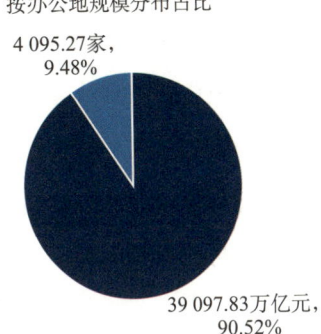

图 5.3.2　2020 年私募证券基金管理人数量和管理基金规模区域分布统计（按办公地统计）

资料来源：中国证券投资基金业协会。

5.4　股东情况

5.4.1　私募证券基金管理人的组织形式以公司制为主

目前，我国私募证券基金管理人的组织形式主要有股份有限公司、有限责任公司和合伙企业（包括普通合伙企业、有限合伙企业）。截至 2020 年末，已在协会登记的私募证券基金管理人中，组织形式以公司制为主，管理人数量共 8 318 家，数量占比为 93.38%。

协会数据统计显示，已在协会登记的私募证券基金管理人中，近年的公司制管理人数量占比一直维持在 90% 以上，且比例稳步增加，占据绝对主导地位。

5.4.2　私募证券基金管理人股东背景以民营、内资为主

根据出资人的产权性质，私募证券基金管理人可以按照不同维度进行分类：一是分为自然人及其所控制民营企业控股、国有控股、社团集体控股、外商控股等管理人；二是分为中资、中外合资、中外合作、外商独资管理人。

目前，私募证券基金管理人的经济成分以民营为主。截至 2020 年末，已登记的私募证券基金管理人以自然人及其所控制民营企业控股为主，数量占比近

95.89%。其他控股主体中,国有控股数量占比为1.52%,社团集体控股数量占比0.03%,外商控股数量占比0.39%。

按境内出资人和境外出资人区分,可以分为内资企业和外资企业。目前私募证券基金管理人以内资企业为主。截至2020年末,已登记私募证券基金管理人中,内资企业的管理人数量占比为99.41%;中外合资的管理人数量占比为0.17%;外商独资的管理人数量占比为0.39%。

5.4.3 出资金额和实缴比例分布

从管理人注册资本看,已在协会登记私募证券基金管理人中,注册资本在1 000万元以上和2 000万元以下这一区间的管理人数量占70.43%。注册资本在1 000万元以下和2 000万元以上的占比分别是6.32%和23.25%(见图5.4.1)。

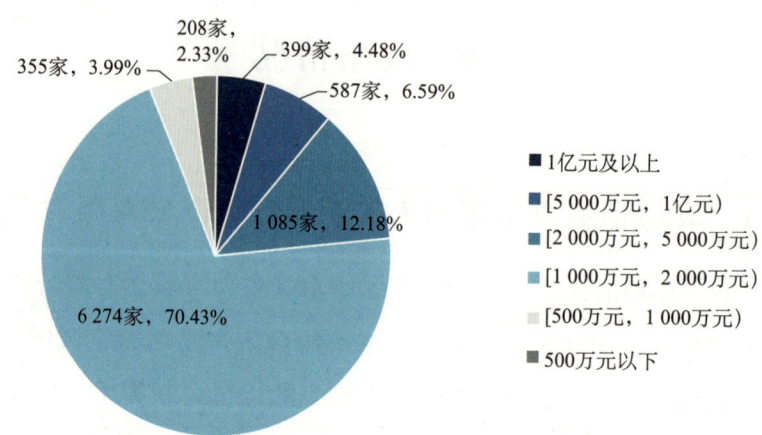

图5.4.1 2020年末私募证券基金管理人注册资本分布

资料来源:中国证券投资基金业协会。

从管理人实缴资本看,实缴资本在2 000万元以上的私募证券基金管理人数量占比为12.76%;实缴资本在1 000万元以上2 000万元以下的私募证券基金管理人数量3 740家、占比为41.98%;实缴资本在500万元以上和1 000万元以下的私募证券基金管理人数量1 047家、占比11.75%;实缴资本在500万元以下的管理人数量占比为33.51%。

从注册资本实缴比例看(即实缴资本/注册资本),近五成的私募证券基金管理人注册资本实缴比例为100%。注册资本实缴比例在50%及以上的私募证券基金管理人数量占比为60.16%。

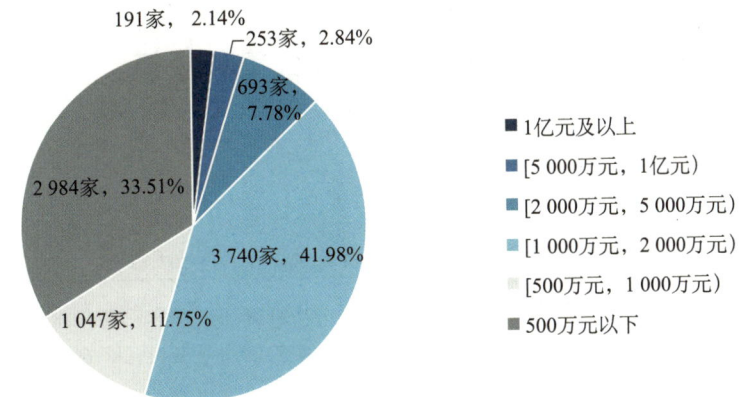

图 5.4.2　2020 年末私募证券基金管理人实缴资本分布

资料来源：中国证券投资基金业协会。

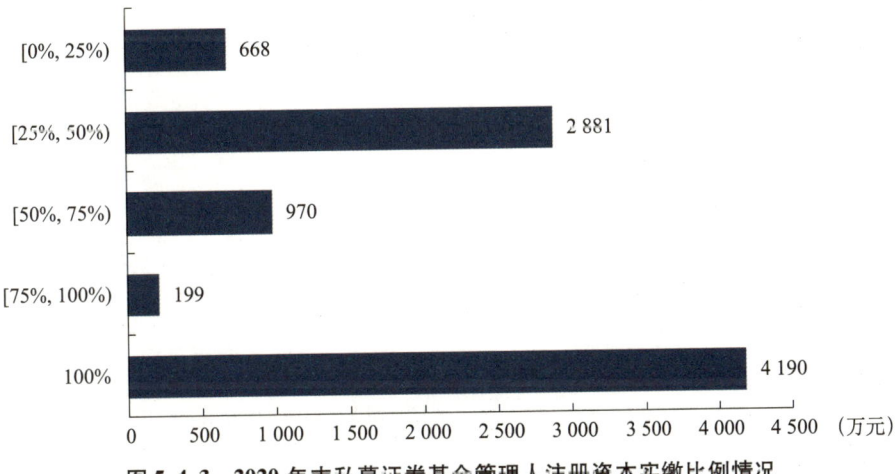

图 5.4.3　2020 年末私募证券基金管理人注册资本实缴比例情况

资料来源：中国证券投资基金业协会。

5.5　外资私募证券基金管理人

2016 年 6 月 30 日，证监会新闻发言人张晓军答记者问，允许符合条件的外商独资和合资私募证券基金管理机构从事境内私募证券基金管理业务。同时，协会发布《私募基金登记备案相关问题解答（十）》，详细规定了在协会登记为私募证券基金管理人的外商独资及合资机构应当符合的资格条件以及相关注意事项。

5.5.1 外资私募证券基金管理人数量和规模

截至 2020 年末,共有 33 家外资私募证券基金管理人在协会完成登记。具体信息见表 5.5.1。2017—2020 年外资私募证券基金管理人登记情况如图 5.5.1 所示。

表 5.5.1　　2017—2020 年外资私募证券基金管理人情况汇总

管理人名称	成立时间	登记时间	出资人
富达利泰投资管理（上海）有限公司	2015/9/14	2017/1/3	富达基金（香港）有限公司（100.00%）
瑞银资产管理（上海）有限公司	2015/8/19	2017/7/13	UBS Asset Management（Hong Kong）Limited（100.00%）
富敦投资管理（上海）有限公司	2013/12/3	2017/9/7	Fullerton Fund Management Company Ltd.（100.00%）
英仕曼（上海）投资管理有限公司	2017/5/3	2017/9/7	英仕曼投资（香港）有限公司（100.00%）
惠理投资管理（上海）有限公司	2017/3/23	2017/11/9	盛宝资产管理香港有限公司（100.00%）
景顺纵横投资管理（上海）有限公司	2017/4/13	2017/11/9	景顺投资管理有限公司（100.00%）
路博迈投资管理（上海）有限公司	2016/11/28	2017/11/9	Neuberger Berman Asia Limited（路博迈亚洲有限公司）（100.00%）
安本标准投资管理（上海）有限公司	2015/9/14	2017/11/29	Aberdeen Asset Management PLC（100.00%）
贝莱德投资管理（上海）有限公司	2017/9/20	2017/12/25	贝莱德资产管理北亚有限公司 Black Rock Asset Management North Asia Limited（100.00%）
施罗德投资管理（上海）有限公司	2015/12/21	2017/12/25	Schroder Investment Management（Hong Kong）Limited（100.00%）
安中投资管理（上海）有限公司	2011/7/14	2018/2/28	安中投资管理香港有限公司（100.00%）
桥水（中国）投资管理有限公司	2016/3/7	2018/6/29	Bridgewater Associates, LP（100.00%）
元胜投资管理（上海）有限公司	2012/3/26	2018/6/29	WINTON CAPITAL ASIA LIMITED（100.00%）
毕盛（上海）投资管理有限公司	2002/11/18	2018/7/17	APS Asset Management Pte Ltd.（100.00%）
瀚亚投资管理（上海）有限公司	2018/3/5	2018/10/16	瀚亚投资（香港）有限公司（100.00%）
未来益财投资管理（上海）有限公司	2008/2/26	2018/11/14	未来资产环球投资有限公司（100.00%）

续表

管理人名称	成立时间	登记时间	出资人
联博汇智（上海）投资管理有限公司	2015/12/14	2019/3/1	联博香港有限公司（100.00%）
安联寰通资产管理（上海）有限公司	2016/12/6	2019/3/25	安联环球投资亚太有限公司（Allianz Global Investors Asia Pacific Limited）（100.00%）
德劭投资管理（上海）有限公司	2010/2/24	2019/4/11	德劭（亚太）有限公司（100.00%）
霸菱投资管理（上海）有限公司	2018/8/3	2019/6/20	霸菱资产管理（亚洲）有限公司（Baring Asset Management（Asia）Limited）（100.00%）
野村投资管理（上海）有限公司	2018/1/8	2019/6/20	野村资产管理株式会社（100.00%）
腾胜投资管理（上海）有限公司	2018/11/11	2019/9/11	Two Sigma Asia Pacific, Limited（100.00%）
瑞锐投资管理（上海）有限公司	2014/12/31	2019/12/25	陈洪（25.00%），瑞士联合私人银行（75.00%）
东亚联丰投资管理（深圳）有限公司	2017/10/25	2019/12/25	东亚联丰投资管理有限公司（100.00%）
罗素投资管理（上海）有限公司	2015/3/31	2020/2/14	Russell Investment Group Pty Ltd.（100.00%）
弘收投资管理（上海）有限公司	2017/10/11	2020/3/10	弘收投资管理（香港）有限公司（100.00%）
威廉欧奈尔投资管理（上海）有限公司	2019/6/10	2020/4/24	William O'Neil & Co. Incorporated（100.00%）
鲍尔赛嘉（上海）投资管理有限公司	2019/4/15	2020/7/27	Power Pacific Investment Management Inc.（100.00%）
迈德瑞投资管理（珠海横琴）有限公司	2019/3/26	2020/8/17	Metori Capital Management（100.00%）
柏基投资管理（上海）有限公司	2019/5/30	2020/9/1	Baillie Gifford Overseas Limited（100.00%）
上海首奕投资管理有限公司	2019/5/23	2020/9/22	奕丰金融（香港）有限公司（iFAST Financial（HK）Limited）（100.00%）
韩华投资管理有限公司	2016/10/21	2020/10/16	韩华资产运用株式会社（100.00%）
润晖投资管理（天津）有限公司	2018/10/9	2020/11/9	Cephei Capital Management（Hong Kong）Limited（100.00%）

资料来源：中国证券投资基金业协会。数据截至2020年末。

如图5.5.2所示，从管理规模区间分布看，大部分外资私募证券基金管理人的管理规模尚分布在0—5亿元区间内。有3家外资私募证券基金管理人的管理规模在20亿—50亿元之间，4家外资私募证券基金管理人的管理规模在10亿—

20 亿元之间，有 2 家外资私募证券基金管理人的管理规模在 5 亿—10 亿元之间，有 24 家外资私募证券基金管理人的管理规模在 0—5 亿元。

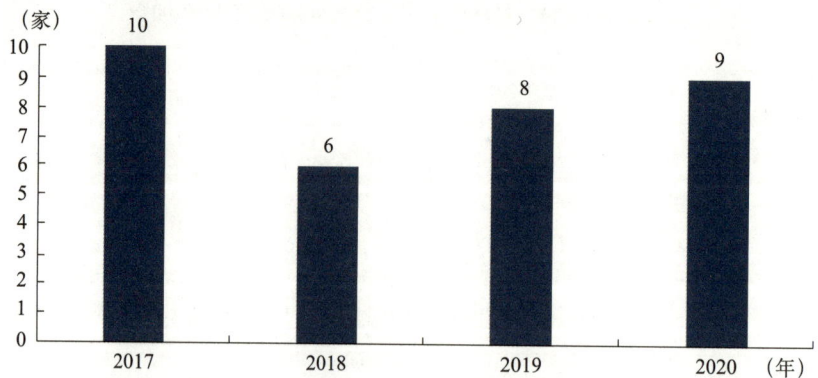

图 5.5.1　外资私募证券基金管理人登记时间

资料来源：中国证券投资基金业协会。

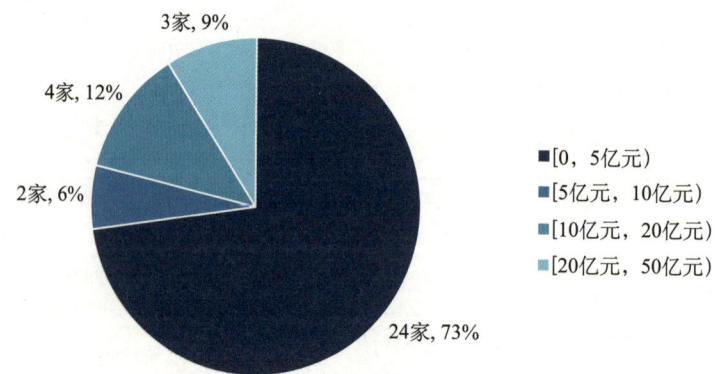

图 5.5.2　外资私募证券基金管理人管理规模区间分布

资料来源：朝阳永续、中国证券投资基金业协会。

外资私募证券基金管理人的注册资本普遍较高。具体而言，注册资本 2 000 万元以下的外资私募证券基金管理人共有 6 家，占比 18.18%；注册资本 2 000 万元以上 5 000 万元以下的外资私募证券基金管理人共有 8 家，占比 24.24%；注册资本 5 000 万元以上 1 亿元以下的外资私募证券基金管理人共有 7 家，占比 21.21%；注册资本 1 亿元以上的外资私募证券基金管理人共有 12 家，占比 36.36%。

5.5.2　外资私募证券基金管理人的集团总部主要在美国、英国

大部分外资私募证券基金管理人的集团总部注册地为欧美国家，其中注册

地在美国的外资私募证券基金管理人有 11 家，注册地在英国的外资私募证券基金管理人有 6 家。此外，集团总部注册地在中国香港地区的外资私募证券基金管理人有 4 家，注册地在新加坡的外资私募证券基金管理人有 3 家，注册地在瑞士、韩国的外资私募证券基金管理人各有 2 家，注册地在加拿大、意大利、法国、德国和日本的外资私募证券基金管理人各有 1 家。

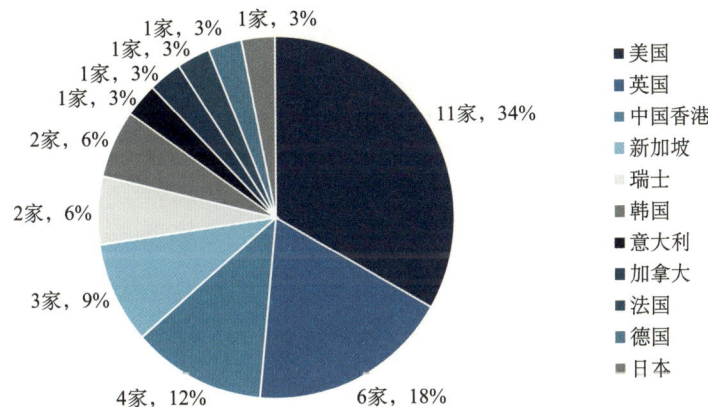

图 5.5.3　外资私募证券基金管理人集团总部所在经济体分布

资料来源：中国证券投资基金业协会。

6. 基金产品

6.1 存续产品概况

6.1.1 自主发行类、顾问管理类均稳定增长

2020 年以来，自主发行类产品数量与规模均稳定增长。截至 2020 年第四季度末，自主发行类产品数量 51 363 只，规模合计 37 020.90 亿元，相比 2020 年第一季度分别增长 24.30% 和 73.29%（见图 6.1.1 和图 6.1.2）。根据协会统计数据，顾问管理类产品数量和规模整体仍呈现增长趋势，截至 2020 年第四季度末，顾问管理类产品共 2 961 只，规模合计 5 958 亿元，相比第一季度分别增加 6.51% 和 21.99%。其中，主要贡献来自信托计划，该品类 2020 年第四季度相比第一季度数量增加 262 只，规模增加 1 161 亿元。此外，相比第一季度，第四季度公募专户数量、规模分别减少 132 只和 198.53 亿元。

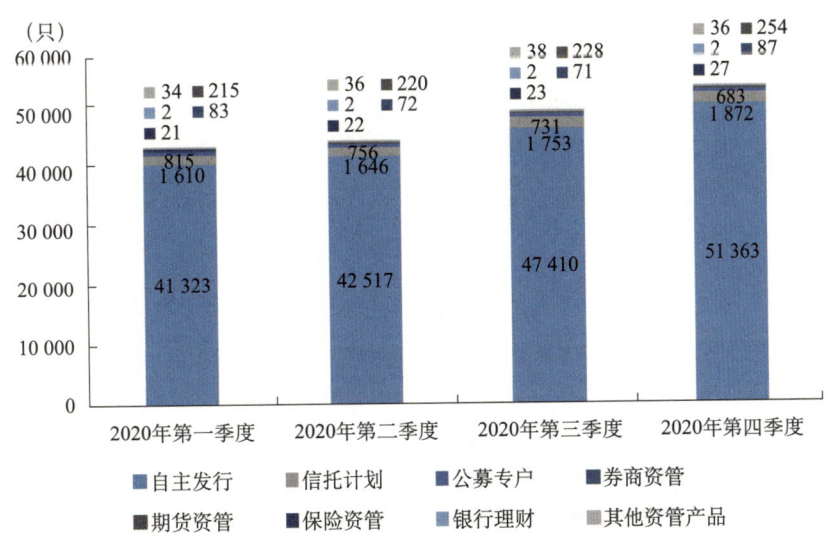

图 6.1.1　不同产品类型的产品数量

资料来源：中国证券投资基金业协会。

从规模占比来看，顾问管理类基金以信托计划和公募专户为主，两者合计规模占比超过 85%，2020 年底信托计划规模占比 66.95%，相比第一季度的占

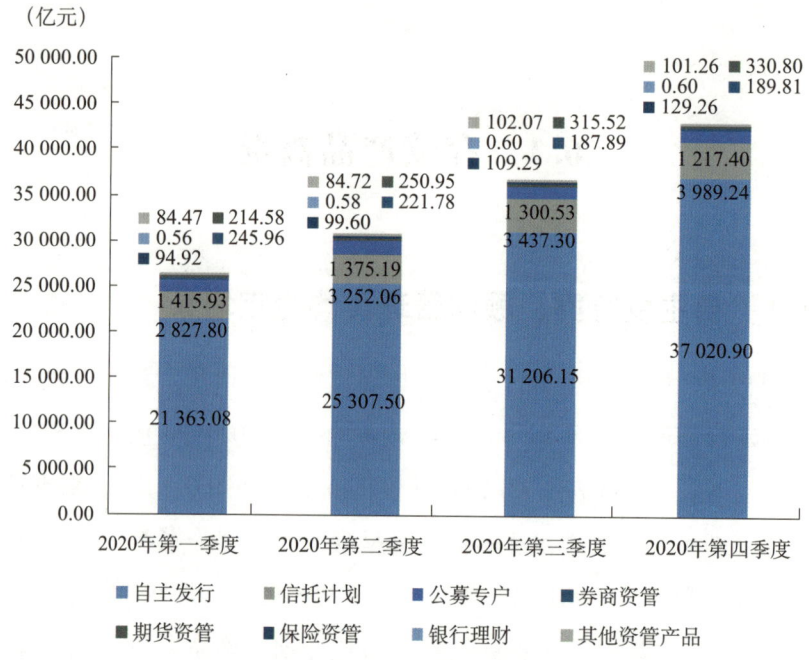

图 6.1.2　不同产品类型的产品规模

资料来源：中国证券投资基金业协会。

比 57.90% 有显著增幅，公募专户规模占比由第一季度的 28.99% 增加到 20.43%，降幅明显。券商资管、期货资管、保险资管、银行理财和其他资管产品规模占比相对较低，变动较小（见图 6.1.3）。

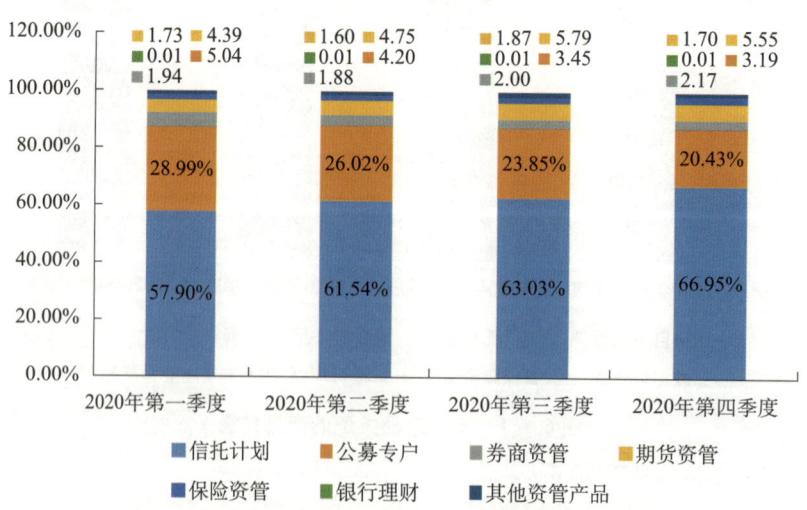

图 6.1.3　顾问管理类基金中不同产品类型的基金规模占比

资料来源：中国证券投资基金业协会。

6.1.2 股票类基金、混合类基金增幅明显，占比进一步提升

从投资类型来看，私募证券基金整体以混合类和股票类为主。截至2020年末，在私募证券基金（含自主发行类和顾问管理类）中，混合类、股票类数量和规模均占据主导，数量分别为2.47万只和1.94万只，规模分别为1.70万亿元和1.48万亿元；固定收益类2 325只规模共计0.40万亿元。期货及其他衍生品、其他类基金数量相对较少，分别为2 205只、471只，规模也相对较小，分别为0.06万亿元、0.04万亿元。FOF类基金5 182只，规模共计0.60万亿元（见图6.1.4和图6.1.5）。

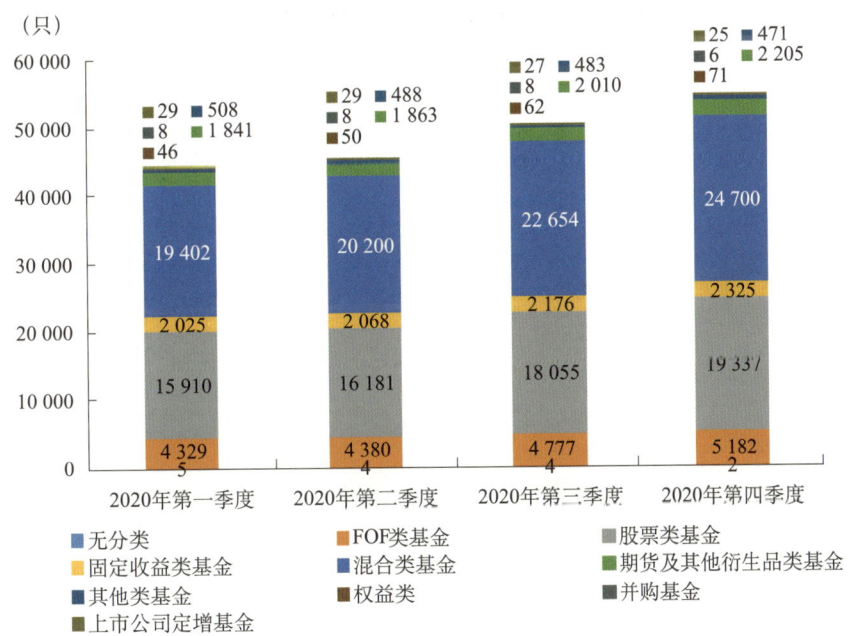

图 6.1.4 不同投资类型的产品数量

注：不包含投资类型为空的情况。

资料来源：中国证券投资基金业协会。

如图6.1.6所示，2020年第四季度相比第一季度，除固定收益类、其他类基金外，不同类型的私募证券基金规模均增加。在私募证券基金（含自主发行类和顾问管理类）中，混合类、股票类基金规模分别增加7 225.46亿元、7 047.00亿元，涨幅分别为73.89%、91.02%，期货及其他衍生品类、FOF类基金规模分别增加289.91亿元、2 415.19亿元，涨幅分别为82.49%、67.93%。

固定收益类、其他类基金规模分别下降 188.01 亿元、46.50 亿元，降幅分别为 4.50%、11.27%。

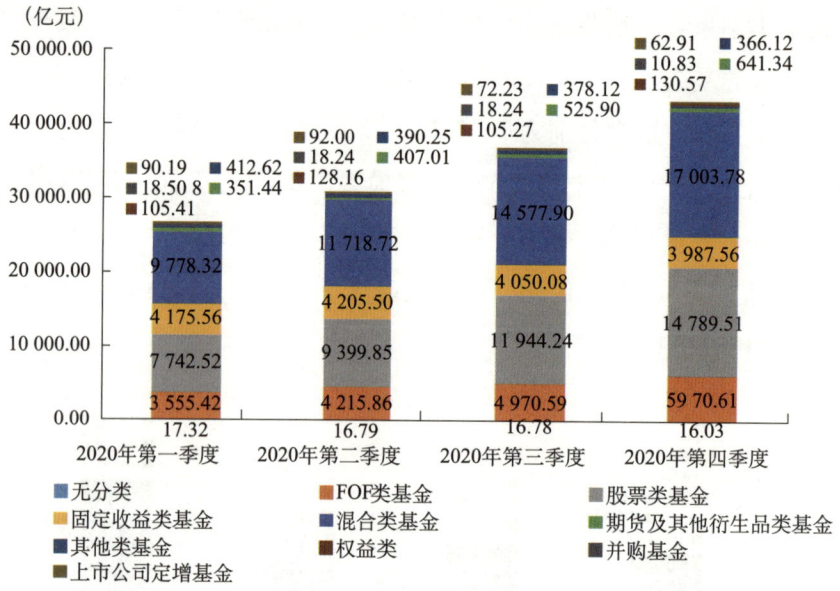

图 6.1.5　不同投资类型的产品规模

注：不包含投资类型为空的情况。

资料来源：中国证券投资基金业协会。

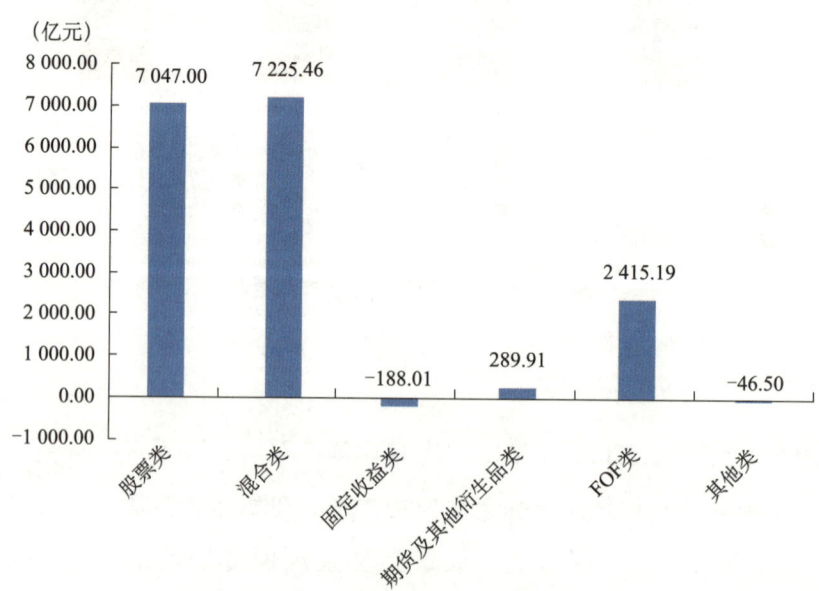

图 6.1.6　不同投资类型的私募证券基金 2020 年第四季度相对第一季度规模变动

资料来源：中国证券投资基金业协会。

混合类基金和股票类基金在私募证券基金整体规模中的占比进一步提升。如图 6.1.7 所示，从季度来看，在私募证券基金（含自主发行类基金和顾问管理类基金）中，混合类基金规模占比由 2020 年第一季度的 37.25% 提升至 2020 年底的 39.56%，股票类基金规模占比由 2020 年第一季度的 29.50% 提升至 2020 年底的 34.41%，而固定收益类基金规模占比从 2020 年第一季度的 15.91% 下降至 2020 年底的 9.28%。FOF 类基金 2020 年底规模占比为 13.89%，与 2020 年第一季度占比 13.55% 相比水平相当。期货及其他衍生品类、其他类基金规模占比相对较低，变化较小。

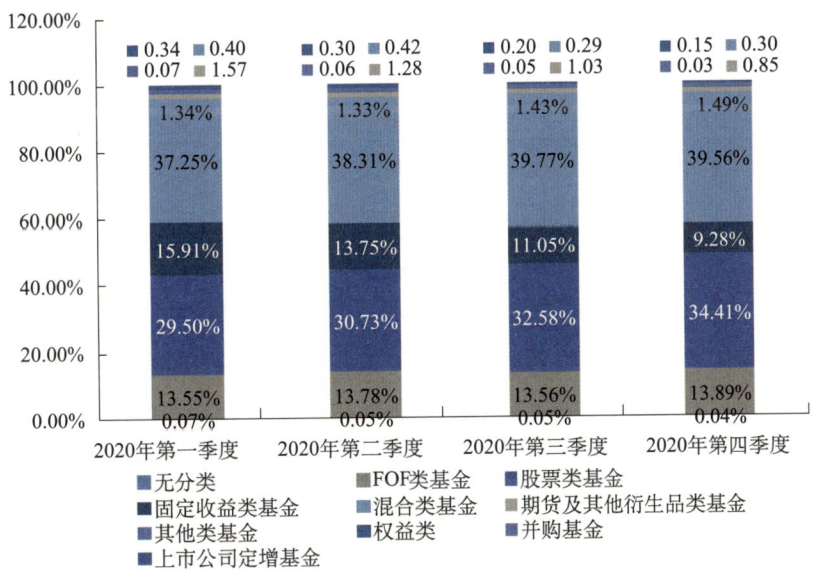

图 6.1.7　私募证券基金中不同投资类型的基金规模占比

资料来源：中国证券投资基金业协会。

长期来看，混合类基金规模占比不断提升，已成为不同投资类型产品规模最大的品种，这与混合类基金投资比例灵活、行业的策略创新和丰富等有关。首先，股票类、固定收益类、期货及其他衍生品类产品要求在主要大类资产上投资比例达到 80% 以上，混合类产品在各大类资产投资比例上无明确限制，较好适应私募证券基金投资灵活的特点。其次，部分策略，比如市场中性策略、宏观策略等具有跨资产属性，采用混合类产品方式运作是更好的选择。最后，多策略产品通过不同策略的搭配和组合，可以降低在单一策略上的风险，逐渐得到市场的欢迎。

6.1.3 股票策略类基金数量、规模占比均近八成

从策略类型来看，股票策略类基金占据绝对比重，且在 2020 年呈现增长趋势。其数量占比、规模占比分别从 2020 年第一季度的 76.20%、69.83% 增至 2020 年第四季度的 79.55%、78.33%，数量、规模占比均接近 8 成。其他策略类型基金占比较低，数量、规模占比均在 5% 以下（见表 6.1.1 和表 6.1.2）。

表 6.1.1　　　　　　　　　不同策略类型的产品数量占比

策略类型	2020 年第一季度	2020 年第二季度	2020 年第三季度	2020 年第四季度
股票策略	76.20%	77.29%	78.49%	79.55%
债券策略	3.53%	3.36%	3.12%	2.93%
市场中性	2.43%	2.44%	2.38%	2.27%
管理期货	4.53%	4.39%	4.23%	4.04%
套利策略	1.07%	1.06%	1.05%	1.01%
宏观策略	1.43%	1.42%	1.35%	1.29%
多策略	3.68%	3.64%	3.62%	3.54%
FOF/MOM	2.80%	2.66%	2.53%	2.48%
其他策略	1.23%	0.98%	0.84%	0.77%
定增策略	0.78%	0.69%	0.60%	0.52%
事件驱动	0.00%	0.00%	0.00%	0.00%
非标债权	0.19%	0.17%	0.15%	0.13%
私募股权	0.46%	0.41%	0.36%	0.31%
海外策略	0.10%	0.09%	0.08%	0.07%
新三板	1.56%	1.41%	1.21%	1.07%
合计	100.00%	100.00%	100.00%	100.00%

资料来源：中国证券投资基金业协会。

表 6.1.2　　　　　　　　　不同策略类型的产品规模占比

策略类型	2020 年第一季度	2020 年第二季度	2020 年第三季度	2020 年第四季度
股票策略	69.83%	72.47%	75.36%	78.33%
债券策略	9.99%	8.62%	6.72%	5.00%
市场中性	2.74%	2.60%	2.67%	2.34%
管理期货	1.59%	1.57%	1.63%	1.72%
套利策略	0.67%	0.69%	0.75%	0.74%
宏观策略	2.69%	2.51%	1.96%	1.85%
多策略	3.33%	3.13%	3.63%	3.34%
FOF/MOM	2.85%	3.13%	3.05%	3.08%
其他策略	1.98%	1.49%	1.39%	1.16%
定增策略	1.51%	1.36%	1.05%	0.85%

续表

策略类型	2020年第一季度	2020年第二季度	2020年第三季度	2020年第四季度
事件驱动	0.00%	0.00%	0.00%	0.00%
非标债权	0.84%	0.76%	0.53%	0.41%
私募股权	1.00%	0.81%	0.64%	0.48%
海外策略	0.17%	0.14%	0.11%	0.08%
新三板	0.82%	0.70%	0.51%	0.62%
合计	100.00%	100.00%	100.00%	100.00%

资料来源：中国证券投资基金业协会。

6.1.4 多数产品规模趋于小型化，少数基金规模合计占比较高

整体来看，多数产品规模趋于小型化的同时，少数头部基金规模占比较高。据协会统计，1亿元规模以上（含）的产品数量占比约为16%，但对应管理规模合计权重高于八成，私募证券基金产品规模分化严重。

整体来看，小规模基金数量多。如图6.1.8所示，截至2020年末，规模小于0.5亿元的产品数量占比74.50%，0.1亿元以内的产品数量占比超四成。规模不低于10亿元的产品数量合计占比不足1%。

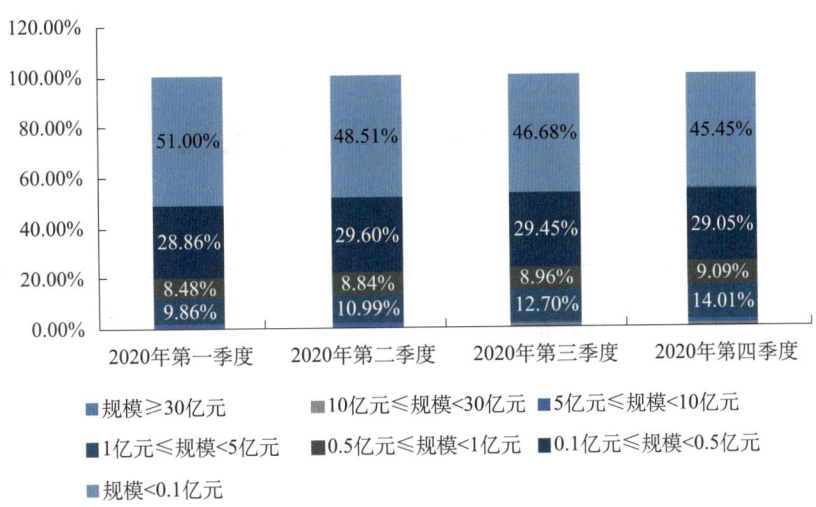

图6.1.8 不同规模区段的产品数量占比

注：仅统计存续产品。

资料来源：中国证券投资基金业协会。

相较于产品数量占比，基金规模分布呈现相反的态势。其中，规模不低于

10亿元的产品合计规模权重约三成，1亿元至10亿元的产品合计规模占比超过五成。0.1亿元以内的产品合计规模仅占1.97%（见图6.1.9）。

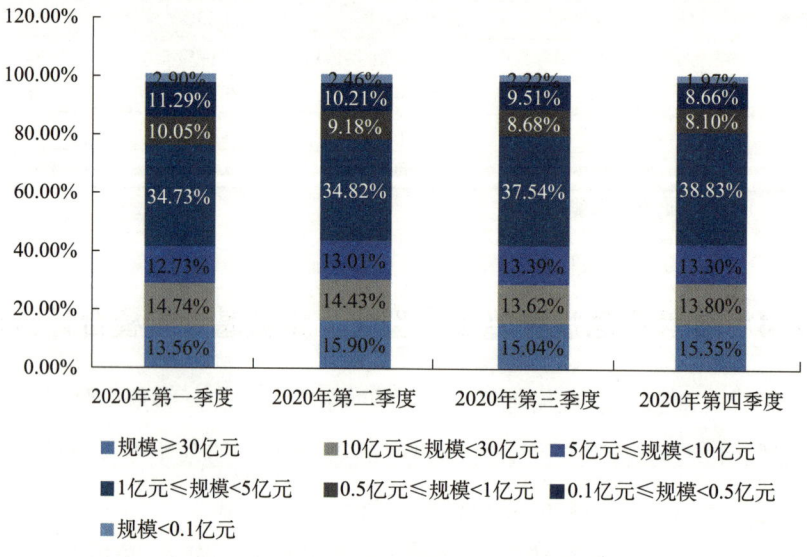

图6.1.9　不同规模区段的产品规模占比

注：图中仅统计存续产品。

资料来源：中国证券投资基金业协会。

6.2　新发和清算产品概况

6.2.1　按不同产品类型：新发市场继续升温，产品清算数量保持稳定，清算规模变化不大

2020年，新发21 502[①]只产品，其中自主发行类产品数量占比89.22%。顾问管理类产品中，自2019年起，信托计划新发产品不再为主要产品线，2020年信托计划新发产品587只，虽然相比上年有显著增长，但仅占顾问管理类新发产品总数的25.32%，其他类产品在2020年新发1 731只，相比上年下降4.84%（见表6.2.1）。

---

① 因统计时点不同，该数据与《中国证券投资基金业年报（2021）》微有差距。

6. 基金产品

表 6.2.1　　　　不同产品类型的新发数量及 2020 年新发数量增幅

产品形式	2018 年（只）	2019 年（只）	2020 年（只）	2020 年增幅
自主发行	10 553	12 637	19 184	51.81%
顾问管理—信托计划	338	176	587	233.52%
顾问管理—其他	288	1 819	1 731	−4.84%
合计	11 179	14 632	21 502	46.95%

资料来源：中国证券投资基金业协会。

受基础市场表现影响，产品一级市场热度显著升温。相比 2019 年，2020 年新发产品数量显著增加，自主发行、新发产品合计数量分别增加 51.81%、46.95%。

分季度来看，新发产品数量下半年显著多于上半年，以自主发行为主。第三、第四季度新发产品数量均超过 6 000 只，第一、第二季度新发产品数量均低于 5 000 只，第三季度新发产品数量增幅为 95.26%，第二、第四季度新发产品降幅分别为 13.96%、12.55%（见图 6.2.1）。

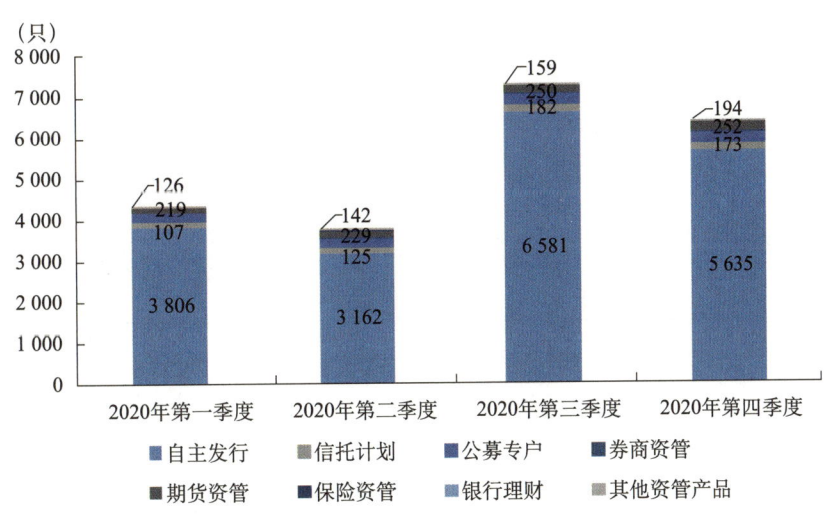

图 6.2.1　2020 年各季度不同产品类型的新发数量

资料来源：中国证券投资基金业协会。

新发产品规模方面，第一、第二季度新发产品规模均在 2 000 亿元以下，第三季度新发产品规模 67 874.04 亿元，相比第二季度的 1 620.15 亿元增长显著，增长主要来自自主发行、保险资管、信托计划产品，这 3 类产品新发规模分别增加 24 554.96 亿元、38 897.01 亿元和 2 742.87 亿元。第三、第四季度新发产品规模分别为 67 874.04 亿元、37 112.34 亿元，其中第三季度增长主要为保险资管和自主发行类产品，第四季度增长以信托计划类产品为主（见图6.2.2）。

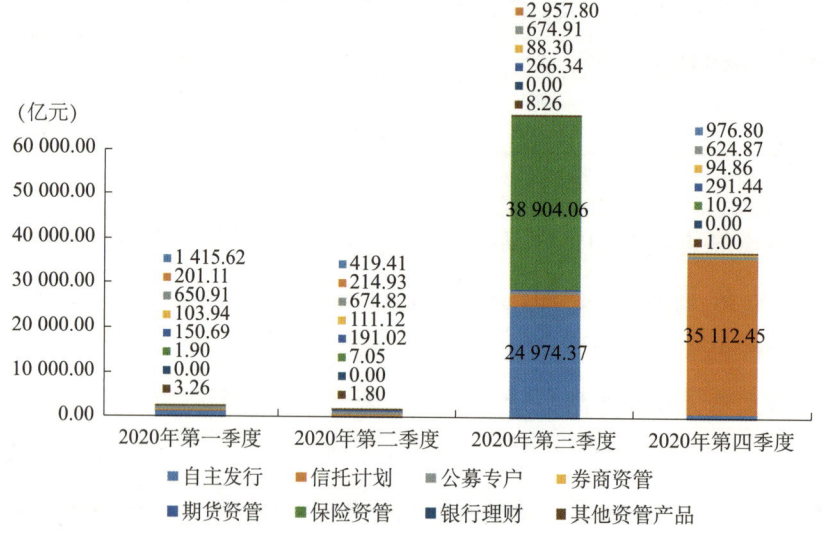

图 6.2.2　2020 年各季度不同产品类型的新发规模①

资料来源：中国证券投资基金业协会。

如表6.2.2所示，2020年清算产品6 763只，相比2019年的6 744只微增0.28%，基本维持在同一水平。其中，自主发行类清算数量增长1.99%；顾问管理类主要产品线中，信托计划、公募专户、券商资管、期货资管2019年清算数量分别下降28.39%、增长10.38%、增长7.69%、下降25.47%。

表 6.2.2　2019－2020 年不同产品类型的清算数量

产品形式	2019 年（只）	2020 年（只）	2020 年增幅
自主发行	6 069	6 190	1.99%
信托计划	317	227	−28.39%
公募专户	212	234	10.38%
券商资管	26	28	7.69%
期货资管	106	79	−25.47%
保险资管	5	2	−60.00%
银行理财	1	0	−100.00%
其他资管产品	8	3	−62.50%
合计	6 744	6 763	0.28%

资料来源：中国证券投资基金业协会。

如表6.2.3和表6.2.4所示，分季度来看，2020年第一季度产品清算数量

---

① 避免展示过于凌乱，图中忽略了占比极小的数据。

显著少于2019年第一季度，2020年第二季度产品清算数量显著多于2019年第二季度，第三、第四季度与上年相比相差不大。清算规模方面，2019年清算规模较大的第二季度（1 287.15亿元）、第三季度（2 955.30亿元），占比最高的为公募专户，其第二、第三季度清算规模分别为949.67亿元、1 792.73亿元。2020年各季度清算规模均高于1 000亿元，公募专户占据较大比重，该类产品线各季度清算规模亦达到1 000亿元。第二、第四季度清算规模分别达到7 416.45亿元、379 674.63亿元，公募专户分别贡献6 001.12亿元、379 383.65亿元。

表 6.2.3　　各季度不同产品类型的清算数量　　单位：只

基金类型	2019年第一季度	2019年第二季度	2019年第三季度	2019年第四季度	2020年第一季度	2020年第二季度	2020年第三季度	2020年第四季度
自主发行	1 559	1 368	1 610	1 532	1 109	1 836	1 656	1 589
信托计划	84	57	107	69	44	68	70	45
公募专户	46	44	52	70	33	75	62	64
券商资管	5	14	5	2	4	17	7	0
期货资管	21	20	33	32	11	18	29	21
保险资管	3	1	0	1	0	0	2	0
银行理财	1	0	0	0	0	0	0	0
其他资管产品	1	1	1	5	1	0	0	2
合计	1 720	1 505	1 808	1 711	1 202	2014	1 826	1 721

资料来源：中国证券投资基金业协会。

表 6.2.4　　各季度不同产品类型的清算规模　　单位：亿元

基金类型	2019年第一季度	2019年第二季度	2019年第三季度	2019年第四季度	2020年第一季度	2020年第二季度	2020年第三季度	2020年第四季度
自主发行	209.61	168.06	255.75	174.51	119.50	189.38	174.20	137.56
信托计划	152.61	125.84	318.66	160.78	38.33	41.59	95.58	31.54
公募专户	51.28	949.67	1 792.73	56.23	1 031.30	6 001.12	1 060.08	379 383.65
券商资管	5.65	9.55	1.01	0.01	0.04	1 176.71	1.70	0.00
期货资管	40.32	32.96	587.01	9.48	1.27	7.65	1 012.59	121.52
保险资管	3.09	0.13	0.00	2.00	0.00	0.00	5.88	0.00
银行理财	0.12	0.00	0.00	0.00	0.00	0.00	0.00	0.00
其他资管产品	0.97	0.95	0.14	1.72	0.05	0.00	0.00	0.35
合计	463.65	1 287.15	2 955.30	404.72	1 190.50	7 416.45	2 350.02	379 674.63

资料来源：中国证券投资基金业协会。

6.2.2　按不同投资类型：混合类、股票类、固定收益类产品占据主导

如图 6.2.3 和图 6.2.4 所示，2020 年不同投资类型产品（不含资管）共发

行 19 795 只，规模共计 105 210.75 亿元。分季度来看，第三、第四季度发行数量与规模均显著高于第一、第二季度，第三季度发行产品 6 771 只、规模 66 844.49 亿元均为最高，第四季度发行产品 5 813 只、规模 36 101.18 亿元。新发产品中，混合类基金、股票类基金合计数量占比超过八成，季度平均规模占比分别为 35.08%、38.02%，其中第三季度股票类基金新发规模占比达 94.62%、第四季度混合类基金新发规模占比 97.34%。

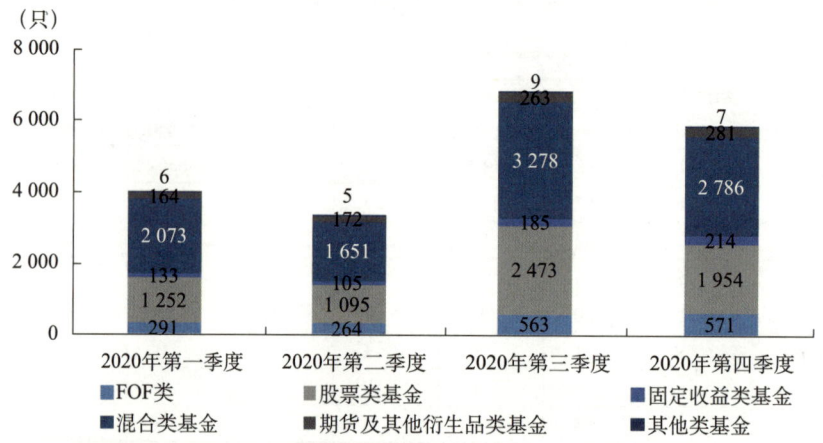

图 6.2.3　2020 年各季度不同投资类型产品新发（不含资管）数量

资料来源：中国证券投资基金业协会。

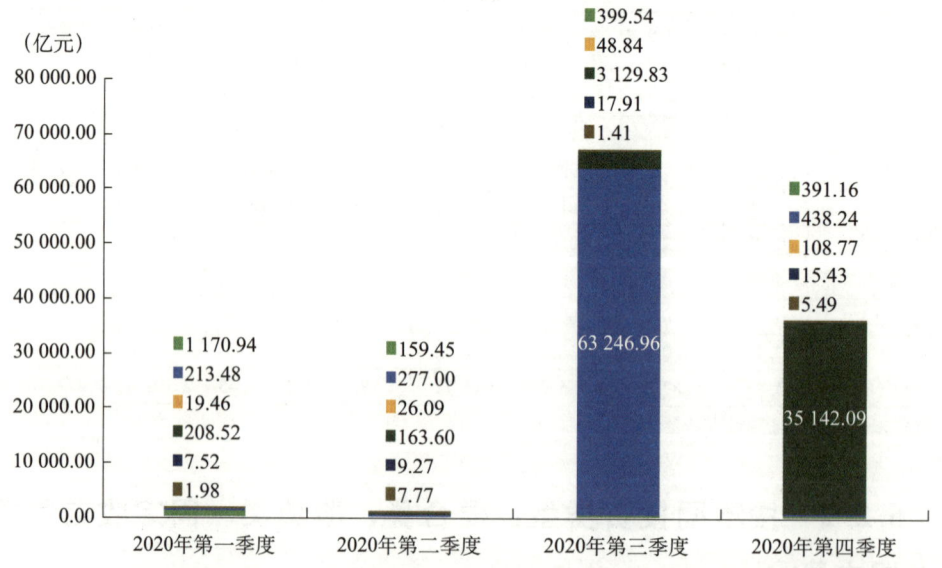

图 6.2.4　2020 年各季度不同投资类型的新发（不含资管）规模

资料来源：中国证券投资基金业协会。

资管产品方面，2020 年不同投资类型产品共发行 1 707 只，规模共计 3 923.24 亿元。分季度来看，数量上呈现逐季递增趋势，各季度新发产品数量分别为 373 只、401 只、440 只、493 只，规模分别为 905.54 亿元、976.97 亿元、1 029.55 亿元、1 011.18 亿元。资管类新发产品中，固定收益类、混合类占据主导，2020 年各季度新发数量合计占比超七成，新发规模合计占比超八成，其次为权益类，各季度新发规模均低于 150 亿元。

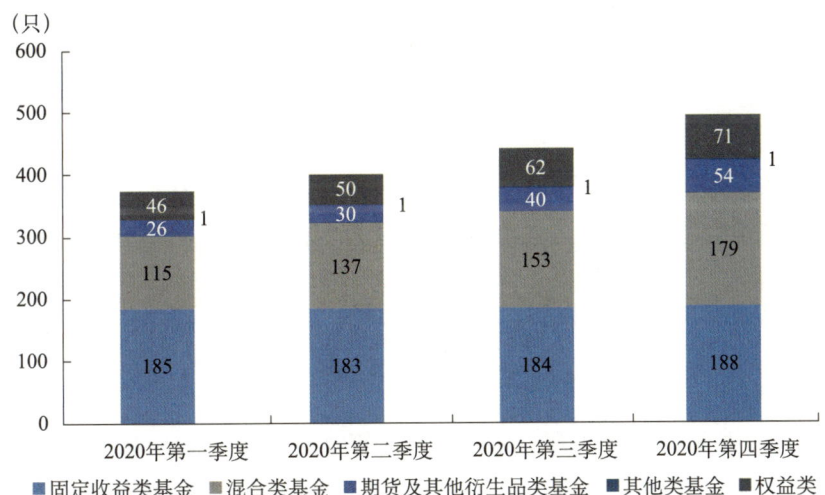

图 6.2.5　2020 年各季度不同投资类型产品新发（仅资管类）数量

资料来源：中国证券投资基金业协会。

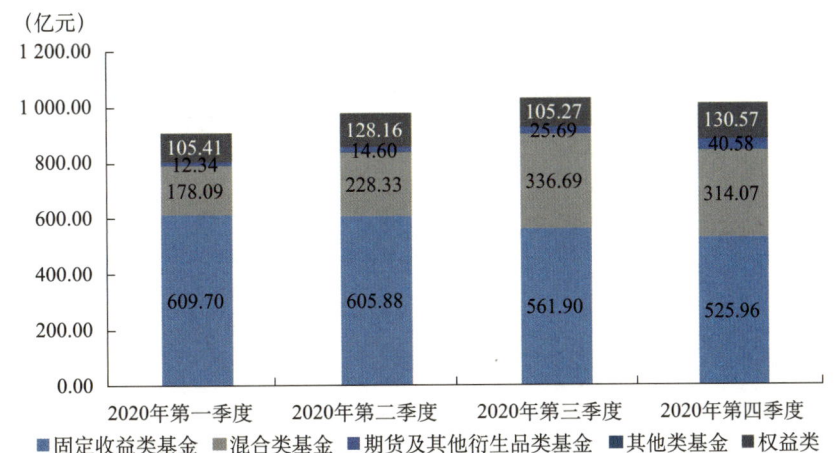

图 6.2.6　2020 年各季度不同投资类型产品新发（仅资管）规模

资料来源：中国证券投资基金业协会。

产品清算方面，2020 年混合类基金、股票类基金清算数量居前两位，分别为 2 928 只、2 355 只。分季度看，各季度混合类基金、股票类基金清算数量合计占比约八成，FOF 类基金、期货及其他衍生品类基金、固定收益类基金次之，其他投资类型产品清算数量较少（见表 6.2.5）。

表 6.2.5　　　　　　　　各季度不同投资类型的清算数量

基金类型	2020 年第一季度	2020 年第二季度	2020 年第三季度	2020 年第四季度
FOF 类基金	155	200	164	161
股票类基金	425	715	600	615
固定收益类基金	32	74	88	72
混合类基金	491	851	833	753
期货及其他衍生品类基金	87	157	123	99
其他类基金	11	15	11	11
上市公司定增基金	0	0	1	2
权益类	1	2	6	7
合计	**1 202**	**2 014**	**1 826**	**1 720**

注：第四季度有 1 只产品的投资方向为空，未纳入计算。
资料来源：中国证券投资基金业协会。

清算规模方面，分季度看，第四季度清算规模显著较高，其余 3 个季度清算规模均在 8 000 亿元以下。固定收益类基金、混合类基金、股票类基金、FOF 类基金合计占比超过 99%，但各季度之间存在差异。第一、第二、第三季度均是固定收益类基金占据较大比重，均超过八成，其清算规模均在 1 000 亿元以上；第四季度清算规模主要由混合类基金贡献，占比达到 99% 以上（见表 6.2.6）。

表 6.2.6　　　　　　　　各季度不同投资类型的清算规模

基金类型	2020 年第一季度	2020 年第二季度	2020 年第三季度	2020 年第四季度
FOF 类基金	16.54	27.46	19.29	17.35
股票类基金	64.83	164.25	116.25	85.86
固定收益类基金	1 023.71	7 105.78	2 101.10	15.46
混合类基金	77.19	76.96	97.87	379 530.40
期货及其他衍生品类基金	6.90	12.56	6.92	10.49
其他类基金	1.23	28.92	6.54	2.10
上市公司定增基金	0.00	0.00	0.24	8.66
权益类	0.10	0.51	1.81	4.21
合计	**1 190.50**	**7 416.45**	**2 350.02**	**379 674.52**

注：第四季度有 1 只产品的投资方向为空，未纳入计算。
资料来源：中国证券投资基金业协会。

6.3 基金费用

6.3.1 管理费率：固定比例管理费应用最广

从产品数量上看，截至 2020 年第四季度末，国内私募基金使用最多的两种管理费计提方式为固定比例管理费、无管理费（原因同不计提业绩报酬类似），分别对应 42 129 只、6 746 只私募基金（见图 6.3.1），仍有少部分仅使用差异化管理费、固定金额管理费等其他管理费计提方式。

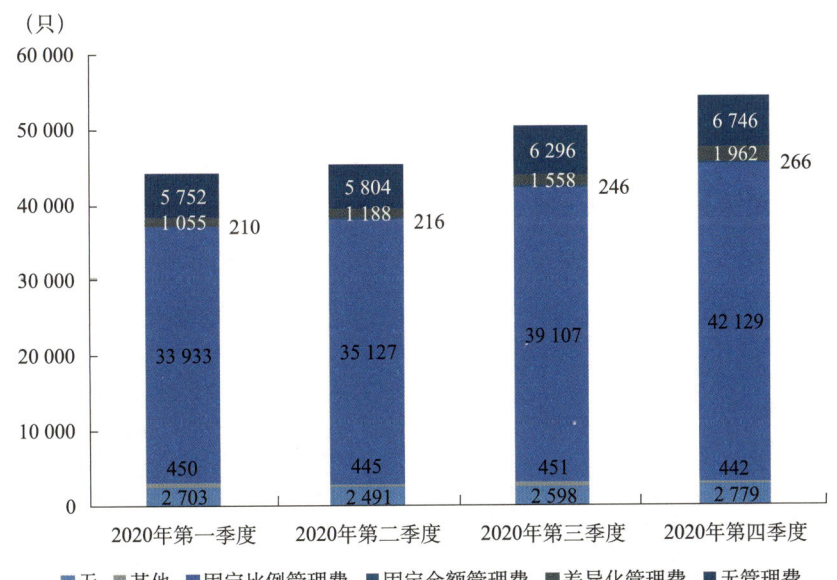

图 6.3.1 私募基金管理费计提方式分布情况（按产品数量）

注：图中"无"代表情况不详。
资料来源：中国证券投资基金业协会。

从规模分布上看，截至 2020 年第四季度末，规模前三大的管理费计提方式为固定比例管理费、无管理费、差异化管理费，分别对应 24 537.57 亿元、9 943.83 亿元、2 664.27 亿元基金规模，使用固定金额等其他计提方法的私募基金整体规模较小（见图 6.3.2）。

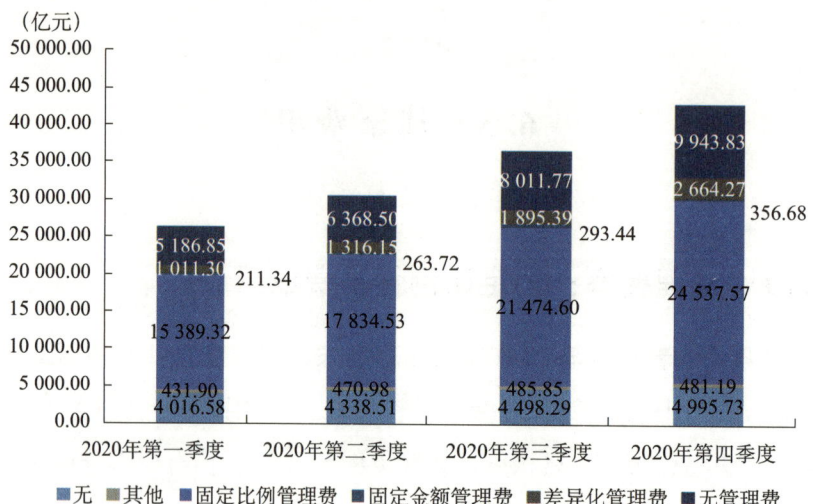

图 6.3.2　私募基金管理费计提方式分布情况（按产品规模）

注：图中"无"代表情况不详。

资料来源：中国证券投资基金业协会。

对于固定比例计提管理费的私募基金，从产品数量上看，截至 2020 年第四季度末，管理费率 1.5% 以下的私募基金数量为 27 292 只，占整体的六成以上。管理费率 1.5%、管理费率 2%、管理费率 1.5%—2% 的私募基金数量分别为 7 322 只、5 892 只和 1 207 只，管理费率在 2% 以上的私募基金数量较少（见图 6.3.3）。

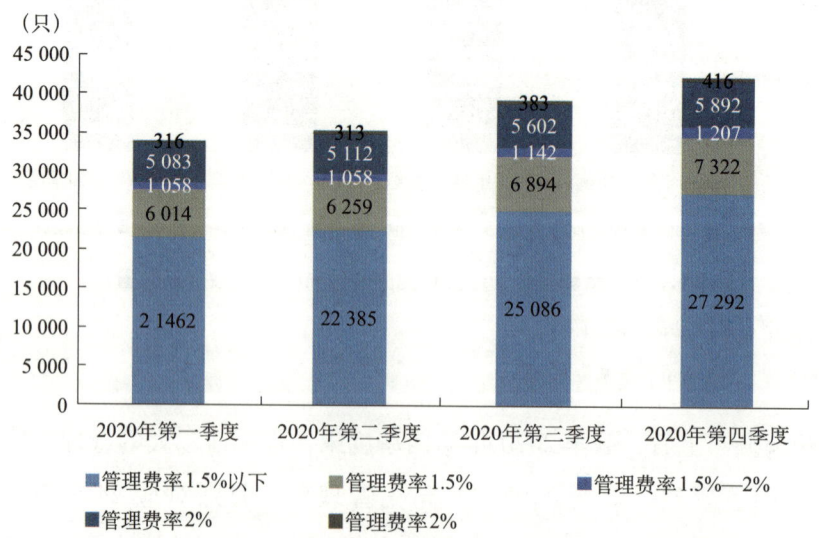

图 6.3.3　固定比例计提管理费的私募基金分布情况（按产品数量）

资料来源：中国证券投资基金业协会。

从基金规模上看，截至 2020 年第四季度末，管理费率 1.5% 以下的私募基金仍为主流，合计规模达 17 370.54 亿元。管理费率 1.5%、管理费率 2%、管理费率 1.5%—2% 的私募基金规模分别为 3 074.19 亿元、2 789.00 亿元和 1 041.96 亿元，管理费率在 2% 以上的私募基金规模较小（见图 6.3.4）。

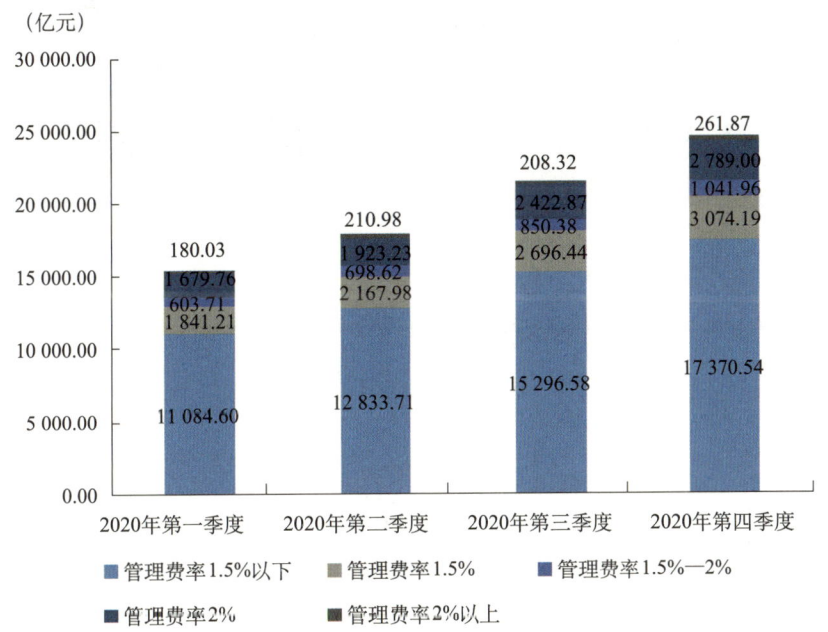

图 6.3.4　固定比例计提管理费的私募基金分布情况（按产品规模）

资料来源：中国证券投资基金业协会。

6.3.2　托管费率：固定比例计提为通行做法

私募基金托管费率的确定，按固定比例计提为通行做法。截至 2020 年第四季度末，国内私募基金使用最多的托管费计提方式为固定比例计提，对应 46 999 只产品，占私募基金的绝对多数。另有 3 010 只产品无托管费，974 只产品采用其他计提方式，使用固定金额计提方式的私募基金数量相对较少（见图 6.3.5）。

以规模口径衡量，截至 2020 年第四季度末，采用规模最大的托管费计提方式仍为按固定比例计提托管费，对应 31 679.78 亿元产品规模。亦有 4 761.31 亿元私募基金不收取托管费，有 1 160.48 亿元私募基金使用其他计提方法，采用固定金额计提的私募基金相对规模较小（见图 6.3.6）。

图 6.3.5 私募基金托管费计提方式分布情况（按产品数量）

注：图中"无"代表情况不详。

资料来源：中国证券投资基金业协会。

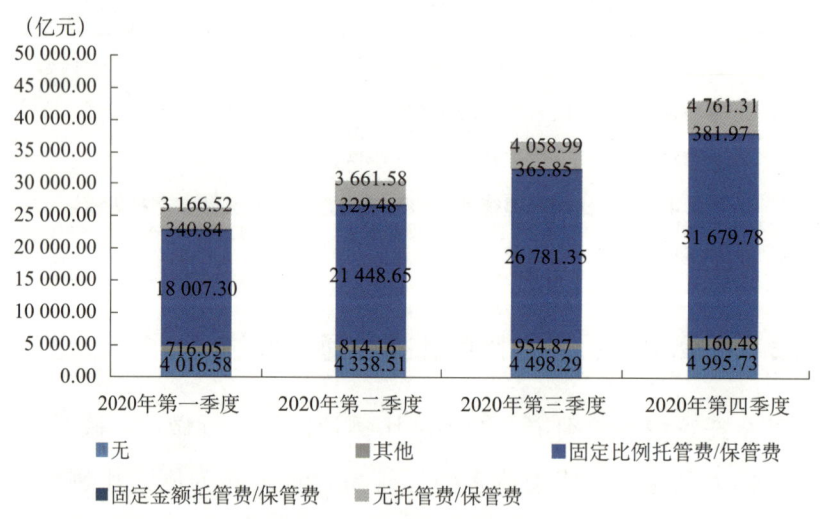

图 6.3.6 私募基金托管费计提方式分布情况（按产品规模）

注：图中"无"代表情况不详。

资料来源：中国证券投资基金业协会。

6.3.3 服务费率：不收取服务费、固定比例计提为主流方式

销售服务费方面，截至 2020 年第四季度末，国内私募基金有 48 016 只产品不收取销售服务费，占私募基金整体的绝大多数。另有 2 668 只私募基金采用收取固定比

例销售服务费的方法。采取其他方式收取服务费的私募基金数量较少（见图6.3.7）。

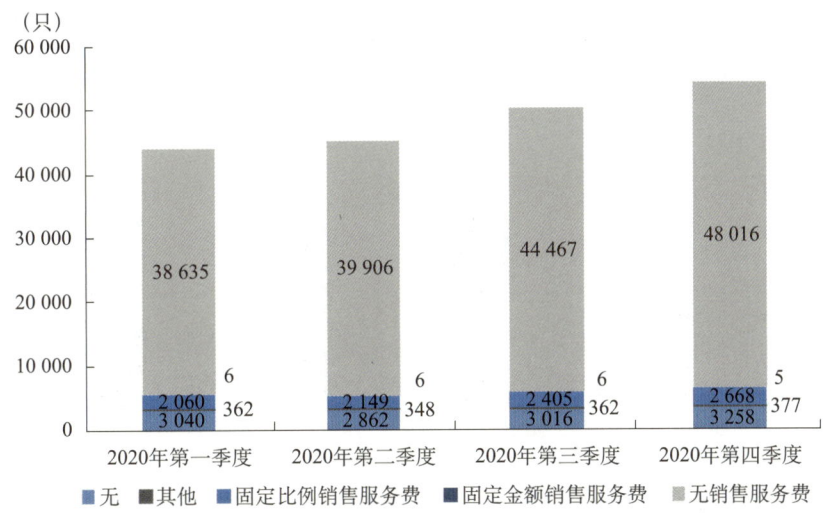

图 6.3.7　私募基金销售服务费收取方式分布情况（按产品数量）

注：图中"无"代表情况不详。

资料来源：中国证券投资基金业协会。

以规模口径衡量，截至 2020 年第四季度末，有 33 511.31 亿元的私募产品不收取销售服务费，规模占比最高。另有 3 093.45 亿元的私募基金按固定比例收取销售服务费，以其他方式收取销售服务费的私募基金相对规模较小（见图6.3.8）。

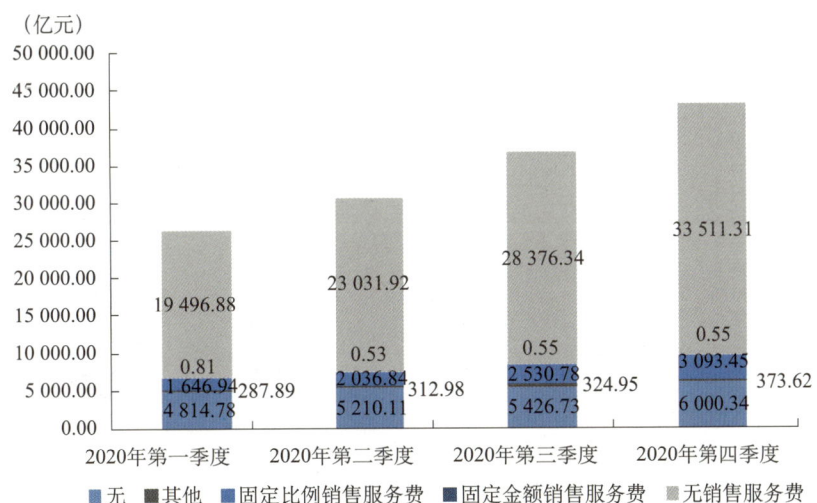

图 6.3.8　私募基金销售服务费收取方式分布情况（按产品规模）

注：图中"无"代表情况不详。

资料来源：中国证券投资基金业协会。

运营/外包服务费方面，截至 2020 年第四季度末，有 45 964 只私募基金以固定比例方式收取运营/外包服务费，占私募基金总体的大部分。另有 3 901 只私募基金不收取运营/外包服务费。以固定金额及其他方式收取运营/外包服务费的基金数量较少。

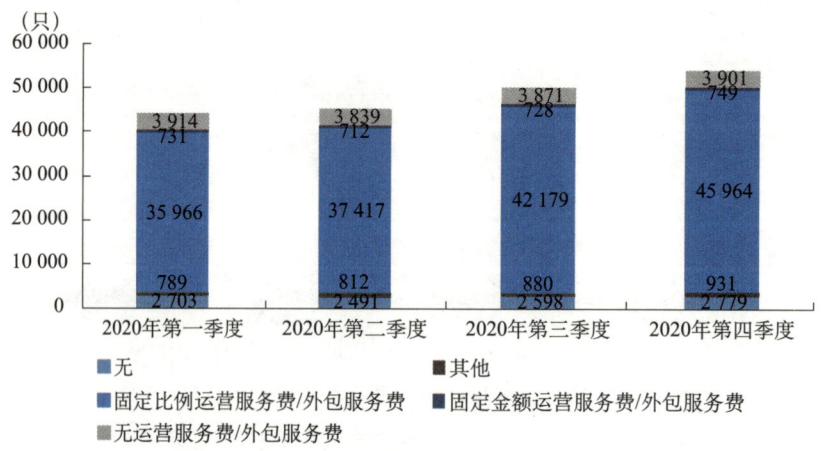

图 6.3.9　私募基金运营/外包服务费收取方式分布情况（按产品数量）

注：图中"无"代表情况不详。

资料来源：中国证券投资基金业协会。

以规模口径衡量，截至 2020 年第四季度末，有 28 609.76 亿元的私募产品以固定比例收取运营/外包服务费，规模占比最高。另有 7 791.09 亿元的私募基金不收取运营/外包服务费，有 1 018.21 亿元的私募基金以其他方式收取运营/外包服务费。以固定金额收取运营/外包服务费的私募基金相对规模较小（见图 6.3.10）。

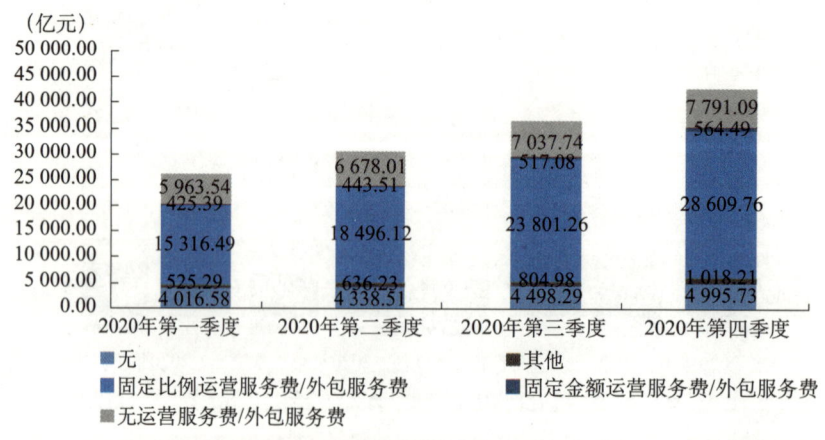

图 6.3.10　私募基金运营/外包服务费收取方式分布情况（按产品规模）

注：图中"无"代表情况不详。

资料来源：中国证券投资基金业协会。

6.4 产品分级和杠杆比率

6.4.1 结构化产品减少，非结构化产品增加

截至 2020 年第四季度末，市场上共有非结构化私募基金 53 723 只，结构化产品 499 只，非结构在产品占绝对多数。从数量变动的角度看，结构化产品数量减少，非结构化产品数量增加（见图 6.4.1）。

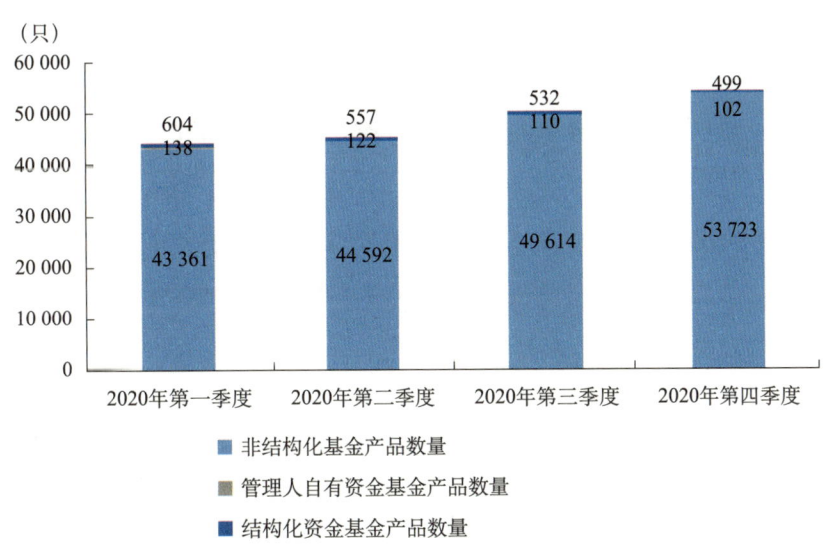

图 6.4.1　私募基金结构化与非结构化产品分布（按产品数量）

资料来源：中国证券投资基金业协会。

从规模上看，截至 2020 年第四季度末，非结构化私募基金规模为 42 246.66 亿元，结构化私募基金为 704.02 亿元，非结构化产品规模远高于结构化产品（见图 6.4.2）。规模变动方面，同样呈现非结构化产品规模上涨、结构化产品规模下降的趋势。

6.4.2　非结构化组合杠杆比率大多在 100%—140% 区间内

截至 2020 年第四季度末，市场非结构化私募基金中共有杠杆比例在

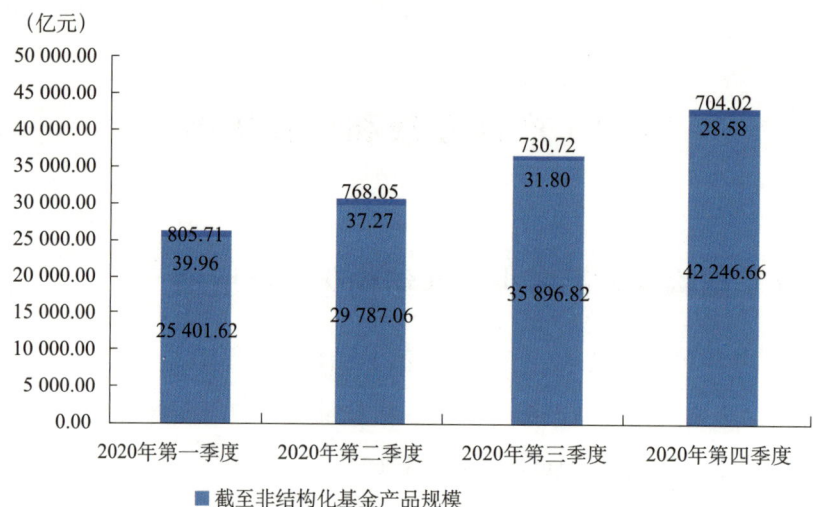

图 6.4.2　私募基金结构化与非结构化产品分布（按产品规模）

资料来源：中国证券投资基金业协会。

100%—140%的基金产品 47 137 只，占绝对多数。另有 1 651 只杠杆比例为 100%的产品，3 732 只产品杠杆比例为 140%—200%，杠杆比例在 200%以上的基金产品相对较少（见图 6.4.3）。

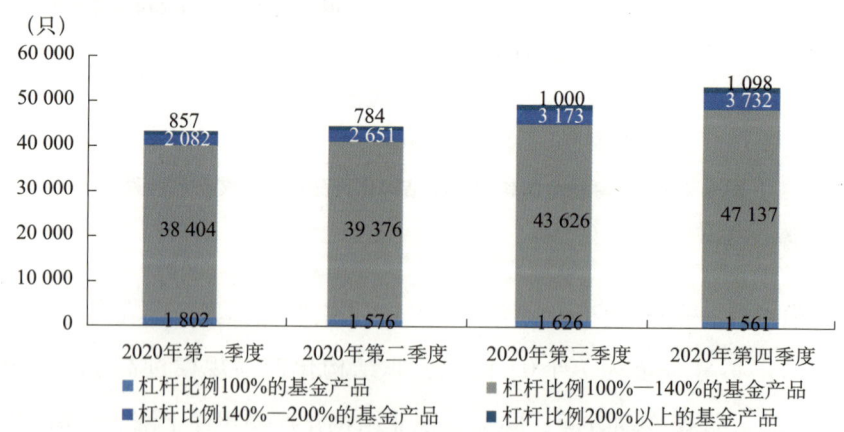

图 6.4.3　非结构化私募基金的杠杆比例分布情况（按产品数量）

资料来源：中国证券投资基金业协会。

从规模上看，截至 2020 年第四季度末，市场非结构化私募基金中，杠杆比例在 100%—140%的总规模为 38 320.28 亿元，占比最高。杠杆比例在 100%的产品、杠杆比例在140%—200%的产品规模分别为1 326.08亿元、2 297.58亿元，杠杆比率在200%以上的产品相对规模较小。

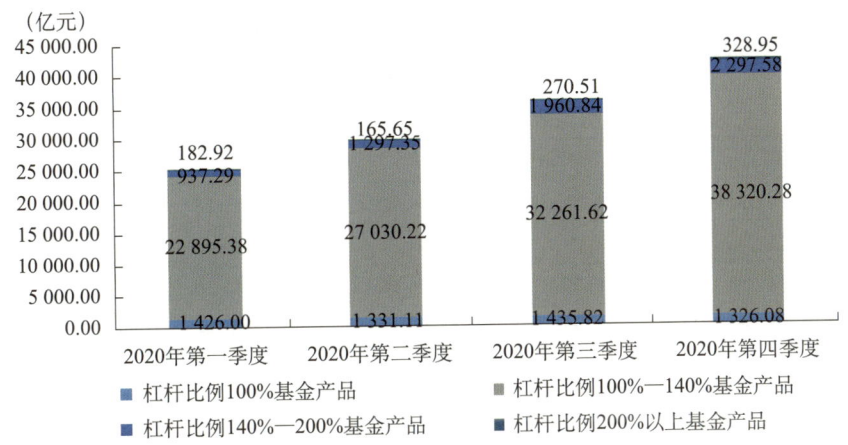

图 6.4.4 非结构化私募基金的杠杆比例分布情况（按产品规模）

资料来源：中国证券投资基金业协会。

6.4.3 结构化组合杠杆比率大多在0—3区间内

截至2020年第四季度末，市场结构化私募证券基金中共有杠杆比例在1—2的基金产品139只，占比最高。另有84只杠杆比例在2—3的产品、82只杠杆比例在0—1的产品，杠杆比例在3以下的基金产品数量占全部数量的65%（见图6.4.5）。

表 6.4.1　结构化私募基金的杠杆比例分布情况（按产品数量）　　　　单位：只

基金类型	2020年第一季度	2020年第二季度	2020年第三季度	2020年第四季度
杠杆比例（0，1]	104	95	84	82
杠杆比例（1，2]	177	159	150	139
杠杆比例（2，3]	91	90	90	84
杠杆比例（3，4]	58	56	56	49
杠杆比例（4，5]	44	42	41	39
杠杆比例（5，6]	30	28	28	28
杠杆比例（6，7]	22	19	19	19
杠杆比例（7，8]	5	4	4	4
杠杆比例（8，9]	17	14	13	12
杠杆比例（9，10]	4	4	4	4
杠杆比例10以上	10	10	9	7

资料来源：中国证券投资基金业协会。

从规模上看,截至 2020 年第四季度末,市场结构化私募基金中杠杆比例在 1—2 的总规模为 216.15 亿元,占比最高。杠杆比例在 0—1 的产品、杠杆比例在 3—4 的产品规模分别为 186.70 亿元、71.11 亿元,杠杆比例在 3 以下的基金产品规模占整体规模的 70%。

表 6.4.2　　　　结构化私募基金的杠杆比例分布情况(按产品规模)　　　　单位:亿元

基金类型	2020 年第一季度	2020 年第二季度	2020 年第三季度	2020 年第四季度
杠杆比例(0,1]	156.88	169.23	168.78	186.70
杠杆比例(1,2]	281.09	247.77	230.02	216.15
杠杆比例(2,3]	76.66	76.68	74.39	69.92
杠杆比例(3,4]	81.05	80.09	76.49	71.11
杠杆比例(4,5]	47.62	46.83	34.61	29.11
杠杆比例(5,6]	64.16	60.34	59.72	48.00
杠杆比例(6,7]	43.92	36.52	36.13	33.34
杠杆比例(7,8]	1.30	0.67	0.70	0.69
杠杆比例(8,9]	13.15	12.70	12.78	12.94
杠杆比例(9,10]	0.72	0.83	0.99	1.15
杠杆比例 10 以上	2.88	2.75	2.65	2.24

资料来源:中国证券投资基金业协会。

6.5　私募基金组织形式:契约型、合伙型占据主流

截至 2020 年第四季度末,我国的私募基金组织形式主要为契约型和合伙型,分别为 50 750 只、598 只,公司型与其他型产品数量较少,分别为 12 只、3 只。从数量变动的角度看,2020 年第一季度至第四季度合伙型私募基金产品数量有所减少,而契约型私募基金数量有所增加(见图 6.5.1)。

从规模上看,截至 2020 年第四季度末,契约型私募基金总规模为 36 280.04 亿元,占据总规模的绝大部分。合伙型私募基金总归模为 708.10 亿元,公司型等其他类型的私募基金规模占比较小。从规模变动上看,仍然呈现契约型上升、合伙型下降的趋势(见图 6.2.5)。

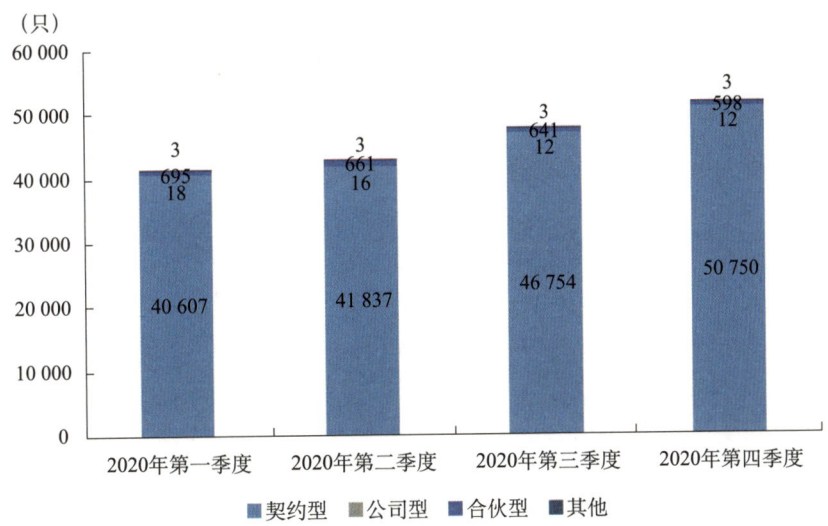

图 6.5.1　私募基金组织形式分布情况（按产品数量）

资料来源：中国证券投资基金业协会。

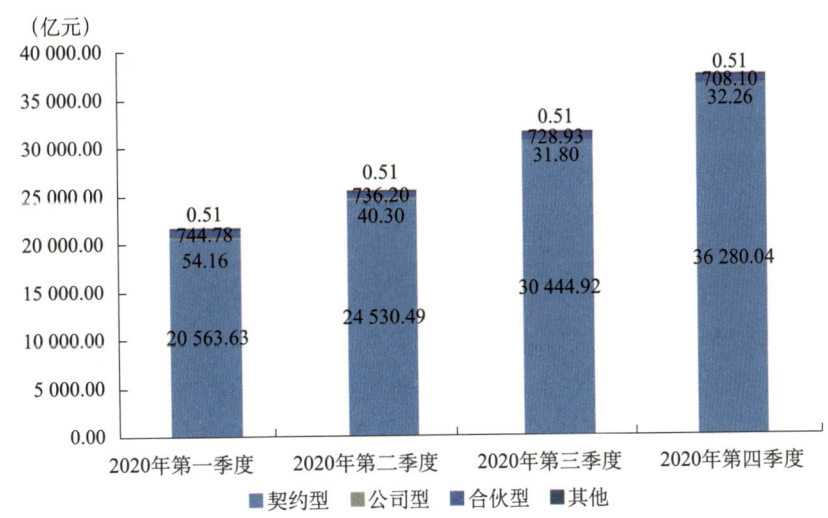

图 6.5.2　私募基金组织形式分布情况（按产品规模）

资料来源：中国证券投资基金业协会。

7. 基金投资者

与公募基金可以向不特定社会公众募集不同，私募证券基金属于非公开募集基金，应当向合格投资者（包括高净值个人和机构投资者）募集。近几年国内高净值个人数量整体保持增长态势，但增速有所提升。国内私募证券基金的投资者整体以高净值个人为主，未来机构投资者占比提升空间较大。

7.1 国内高净值人群增长情况及其资产配置需求

7.1.1 国内私人财富市场稳健发展，高净值人群数量及规模持续增长

2020年国内GDP首次突破百万亿元，在宏观经济持续向好的背景下，国内私人财富市场也迎来稳健发展的态势。根据招商银行和贝恩公司发布的《2021年中国私人财富报告》，截至2020年末，国内个人持有的可投资资产①总体规模达241万亿元（见图7.1.1），2018—2020年的年均复合增长率为12.62%，相比于2016—2018年约7.31%的年均复合增长率有所提升。

图7.1.1 国内个人持有的可投资资产总体规模及增速

资料来源：《2021年中国私人财富报告》，招商银行、贝恩公司。

---

① 可投资资产包括个人的金融资产和投资性房产。其中，金融资产包括现金、存款、股票（拟上市流通股和非流通股，下同）、债券、基金、保险、银行理财产品、境外投资和其他境内投资（包括信托、基金专户、券商资管、私募股权基金、私募证券基金、黄金等），不包括自住房产、通过私募投资以外方式持有的非上市公司股权及耐用消费品等资产。

国内高净值人群①的数量及其可投资资产的规模持续增长，且增速有所提升。近年来，在国内股票市场指数表现优异和 IPO 加速的背景下，新富人群不断涌现。根据招商银行和贝恩公司发布的《2021 年中国私人财富报告》，截至 2020 年末，国内高净值人群的数量达 262 万人（见图 7.1.2），相比于 2018 年增长了 65 万人，年均复合增长率从 2016—2028 年期间的 11.66% 增长至 2018—2020 年期间的 15.32%。国内高净值人群持有的可投资资产规模达 84 万亿元（见图 7.1.3），相比于 2018 年增长了 23 万亿元，年均复合增长率从 2016—2028 年期间的 11.57% 增长至 2018—2020 年期间的 17.35%。

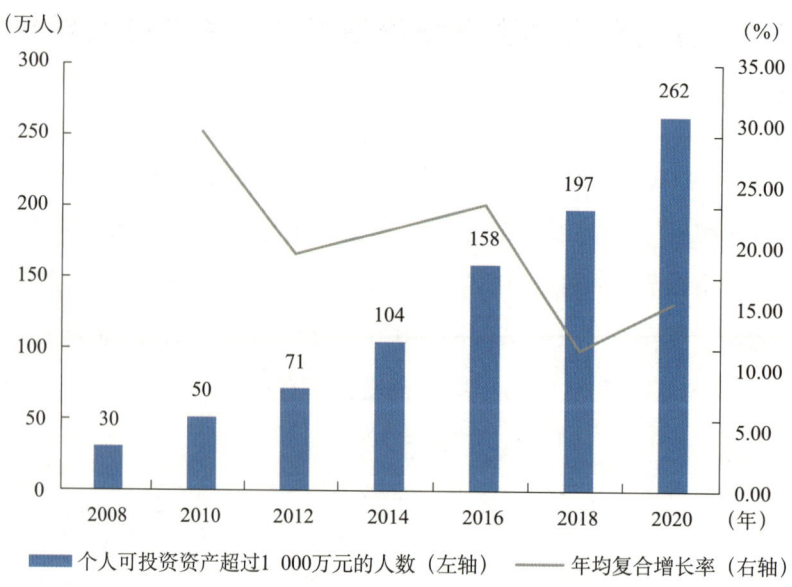

图 7.1.2　国内高净值人群的数量及增速

资料来源：《2021 年中国私人财富报告》，招商银行、贝恩公司。

7.1.2　国内高净值人群存在较大的资产配置需求

近年来，高净值人群对市场的不确定性认识逐步加深，更注重通过配置来规避市场波动。根据招商银行和贝恩公司基于高净值人群的调研分析结果：首先，在个人需求方面，如图 7.1.4 所示，享受全球资产配置及专属高收益产品接入、及时参与新兴热点投资、定制化全球范围内的资产配置组合分列前 3 位。其

---

① 高净值人群是指可投资资产超过 1 000 万元的个人。

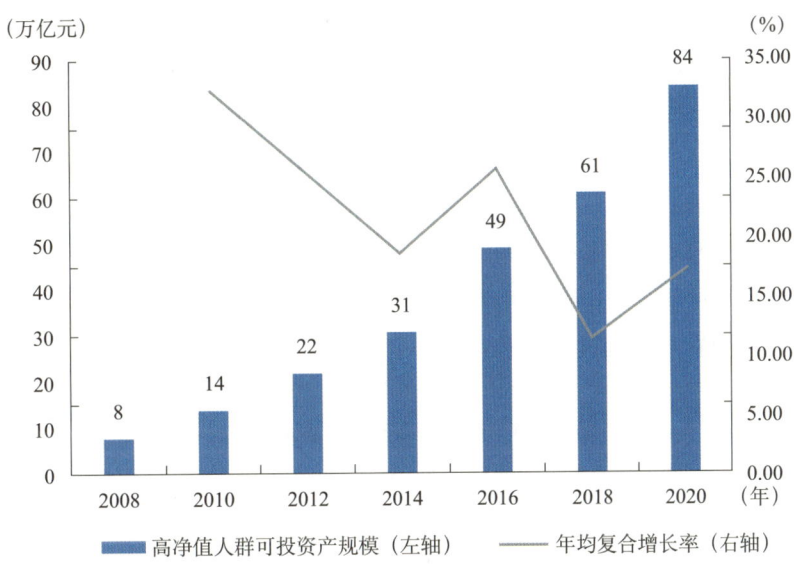

图 7.1.3　国内高净值人群的可投资资产规模及增速

资料来源：《2021 年中国私人财富报告》，招商银行、贝恩公司。

次，在家庭需求方面，如图 7.1.5 所示，更加进取的多元资产配置、境内外子女教育、稳健的大类资产配置分列前 3 位。随着高净值人群的投资理念日趋成熟，多元资产配置意识更强，存在较大的资产配置需求。

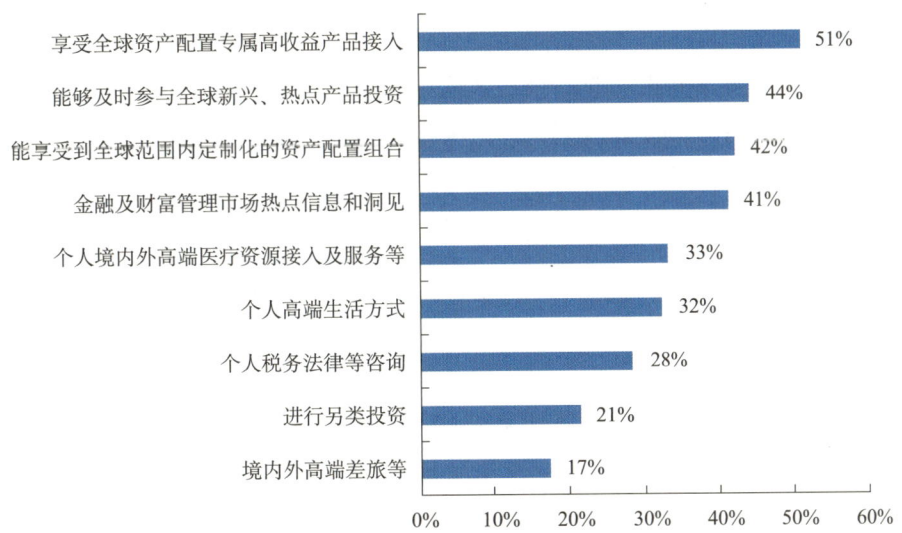

图 7.1.4　国内高净值人群的个人需求

资料来源：《2021 年中国私人财富报告》，招商银行、贝恩公司。

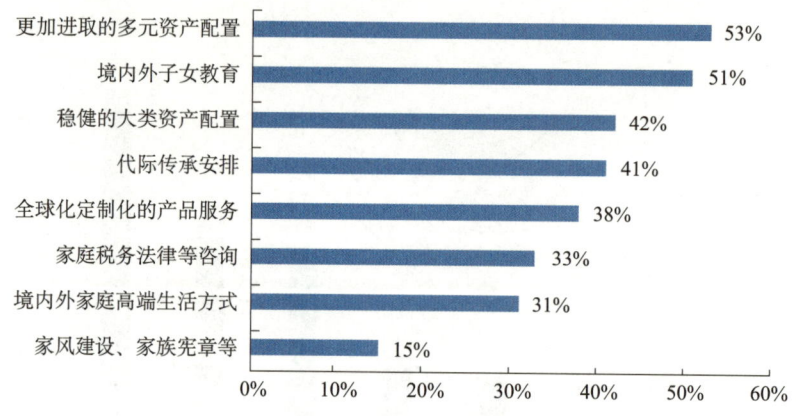

图 7.1.5 国内高净值人群的家庭需求

资料来源：《2021 年中国私人财富报告》，招商银行、贝恩公司。

国内高净值人群资产配置的主要难度在于市场波动风险管理和通过积极配置实现稳定收益。"资管新规"以来，在打破"刚兑"的大背景下，多类资产出现波动，高净值人群深刻体会到各类资产的潜在风险，理解到需在风险和收益之间做出权衡，财富增值需要依赖长期专业的配置和积累。随着市场波动性加大和资产多元性提升，通过资产配置获取稳定收益的难度日益提升。根据招商银行和贝恩公司基于高净值人群的调研分析结果（见图 7.1.6）：国内高净值人群在资产配置方面的主要困难点包括不想承担太高的波动风险、各类资产收益率普遍下跌、配置不熟悉的资产担心风险上升等。

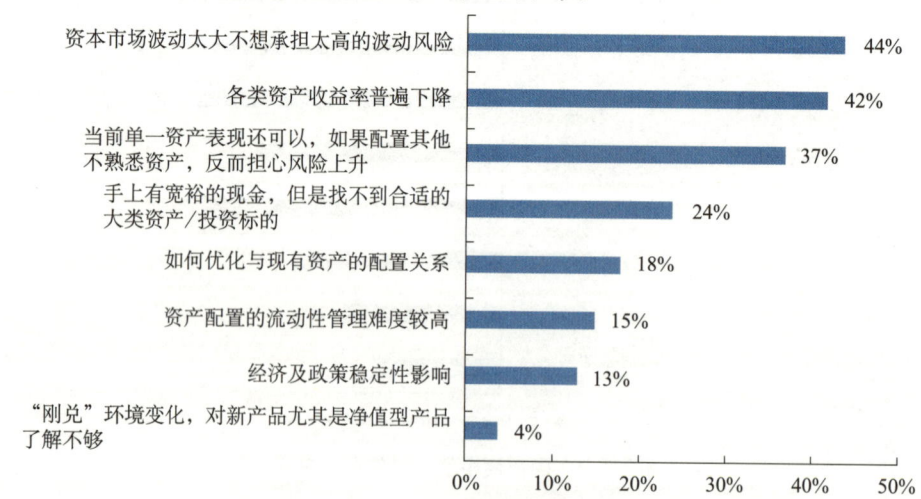

图 7.1.6 中国高净值人群资产配置困难点

资料来源：《2021 年中国私人财富报告》，招商银行、贝恩公司。

7.2 私募证券基金的投资者结构

7.2.1 个人投资者为主

私募证券基金的投资者主要包括个人投资者、法人机构、私募基金、私募管理人及员工（跟投）和其他投资者。其中，其他投资者包括境内非法人机构（比如一般合伙企业等）、证券公司及其子公司资管计划、基金公司及其子公司资管计划、期货公司及其子公司资管计划、商业银行理财产品、保险资管计划、信托投资计划、慈善和捐赠基金等。

个人投资者为第一大类投资者。如图 7.2.1 所示，截至 2020 年末，从全部私募证券基金来看，个人投资者所投金额占比最高，为 42.10%；私募基金和法人机构占比相对较高，分别为 23.26%、16.51%；私募管理人及员工（跟投）、其他投资者占比较低，分别为 4.64%、13.49%。

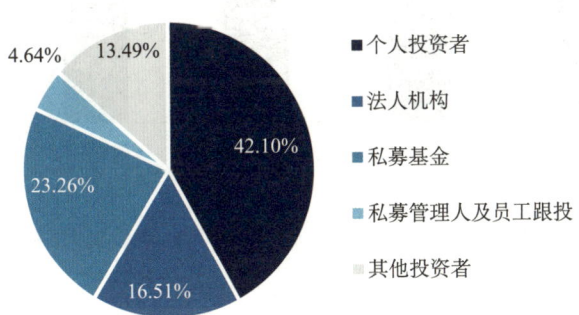

图 7.2.1　2020 年末私募证券基金的投资者结构

资料来源：中国证券投资基金业协会。

如果对上述投资者结构中的"私募基金"和"其他投资者"中的各类资管计划、信托计划、银行理财等金融产品进一步"穿透"至最终投资者，个人高净值客户金额占比更高，估计超过 50%。

7.2.2 个人投资者占比有所波动，法人机构占比逐渐提升

如图 7.2.2 所示，从最近 4 年的投资者结构来看，个人投资者为主的结构未发生变化，但是个人投资者占比呈现一定波动。2016 年末和 2018 年末个人投资者占比约 37%—39%，2017 年末，2019 年末以及 2020 年末个人投资者占比约 40%—44%。其中，2017 年股票市场呈现整体牛市或局部牛市，一定程度反映了个人投资者参与私募证券基金的程度受到股票市场波动的影响。

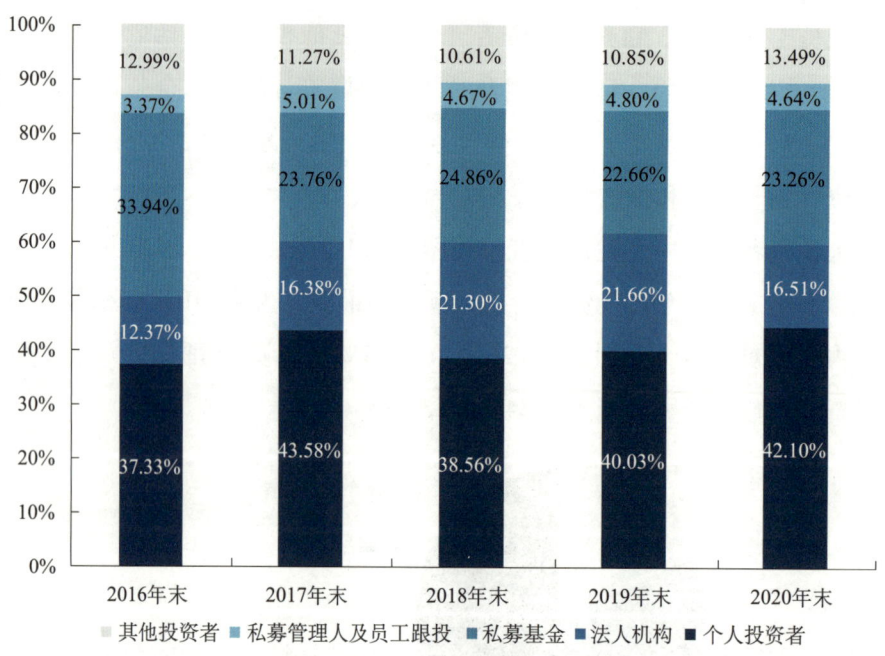

图 7.2.2　2016—2020 年末私募证券基金的投资者结构①

资料来源：中国证券投资基金业协会。

法人机构投资者占比呈现下降趋势。其中，2016 年、2017 年末法人机构投资者占比分别为 12.37% 和 16.38%，2018 年、2019 年末这一比例分别提升至 21.30% 和 21.66%，2020 年末降至 16.51%。

---

① 2015—2016 年末数据和 2017—2018 年末数据在私募基金和其他投资者的统计口径上略有差异，主要差异体现为是否将证券公司及其子公司、基金公司及其子公司、期货公司及其子公司的资管计划产品纳入统计。在 2015—2016 年末数据中，上述资管计划产品纳入"私募基金"统计；在 2017—2018 年末数据中，上述资管计划产品纳入"其他投资者"统计。

7.3 与美国对冲基金的投资者结构比较

7.3.1 投资者构成比例不同

与国内私募证券基金主要高净值个人投资者为主的投资者结构不同,美国对冲基金的投资者主要为机构客户。其中,主要的机构客户包括养老金计划、非营利组织和政府实体、金融机构和投资公司、主权财富基金和外国政府机构等。截至 2020 年末,在美国合格对冲基金中,养老金计划为第一大机构客户,占比 24.0%;非营利组织和政府实体为第二大机构客户,占比为 16.6%;金融机构和投资公司、主权财富基金和外国政府机构占比相对较小,分别为 5.7%、6.3%。上述 4 类机构客户合计占比为 52.6%,高净值个人客户(含美国和美国以外)占比仅为 14.7%(见图 7.2.3)。

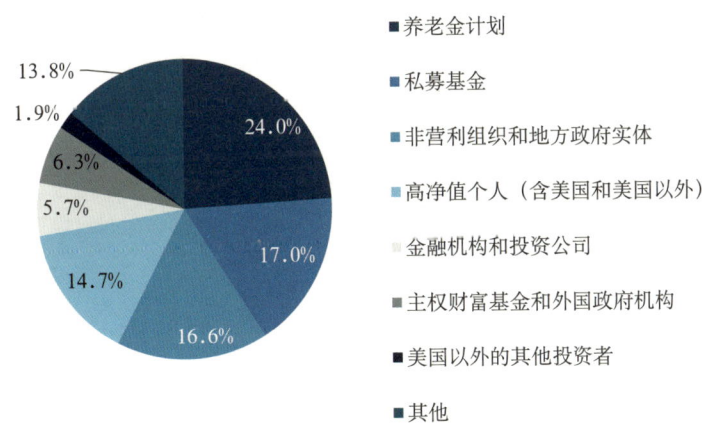

图 7.3.1 2020 年末美国合格对冲基金①的投资者结构

资料来源:SEC。

---

① 这里的投资者结构基于合格对冲基金的总资产统计。合格对冲基金指由大型对冲基金机构(管理规模在 15 亿美元以上)管理且报告季度每个月末规模[该规模可以是单个对冲基金的规模,也可以是与其他从基金(feeder funds)、平行基金(parallel funds)、独立平行账户(dependent parallel managed accounts)的合并规模]在 5 亿元以上的对冲基金。投资者结构中"金融机构和投资公司"包括保险公司、证券经纪公司、银行和储蓄机构、注册投资公司。

美国合格对冲基金的投资者结构中包括"私募基金",如果对该部分"私募基金"的投资者进行穿透,机构客户的占比应更高。

7.3.2 投资者结构稳定度不同

国内私募证券基金行业发展历史较短,投资者结构仍存在一定的波动。美国对冲基金行业发展历史较长,较为成熟,投资者结构趋于稳定。如图 7.3.2 所示,从 2014 年第一季度末至 2020 年第四季度末的数据来看,其中"私募基金""非营利组织和地方政府实体""金融机构和投资公司""其他投资者"占比变化均超两个百分点,"私募基金"和"金融机构和投资公司"占比分别下降 4.3 个和 3.7 个百分点,"非营利组织和地方政府实体""其他投资者"分别提升 2.4 个和 4 个百分点。

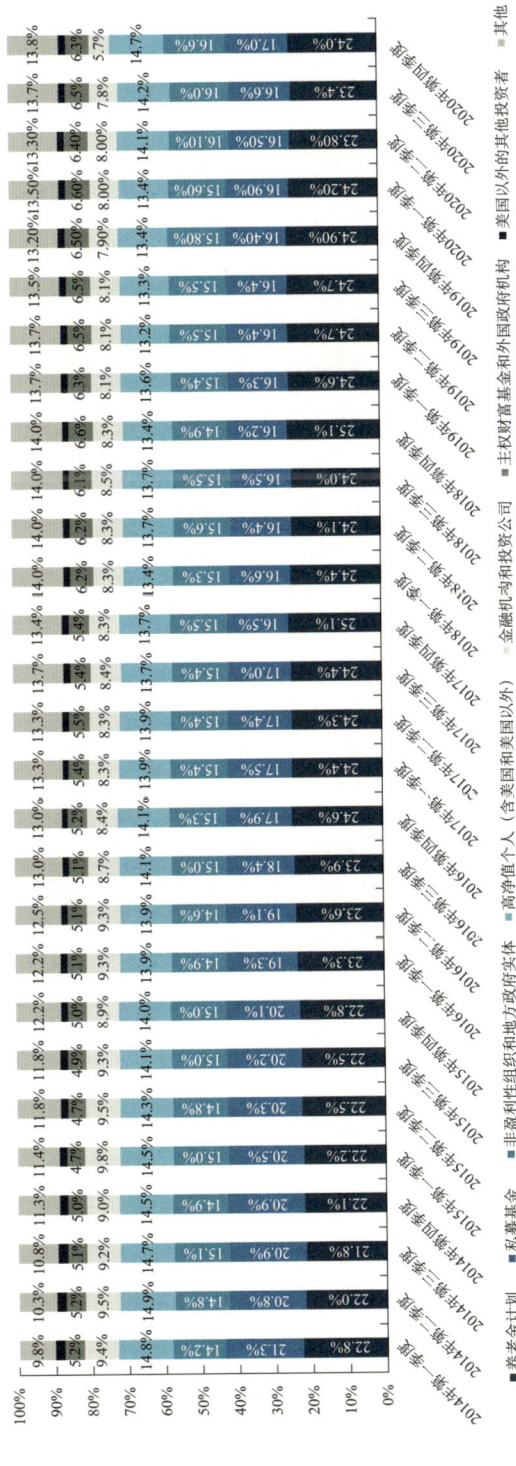

图 7.3.2 2014—2020 年美国合格对冲基金的投资者结构

资料来源：SEC。

8. 基金从业人员

2020 年，私募证券基金从业人数小幅下降，近 9 000 家基金管理人中，人数偏少的小型公司占据绝大部分。管理人旗下从业人数与其管理规模呈正向关系，百亿元级规模的公司旗下从业人数较多。高级管理人员方面，从业经验 10 年以上者占比超过七成，学历分布相比往年保持稳定。

8.1 从业人员近况

8.1.1 从业人员数量保持基本稳定

总体来看，2020 年私募证券基金管理人从业人员总数相比往年保持基本稳定。第二、第三季度私募证券基金管理人从业人员数量有所下滑，两个季度分别环比下降 1.33% 和 0.74%，第四季度有所回升（见图 8.1.1）。

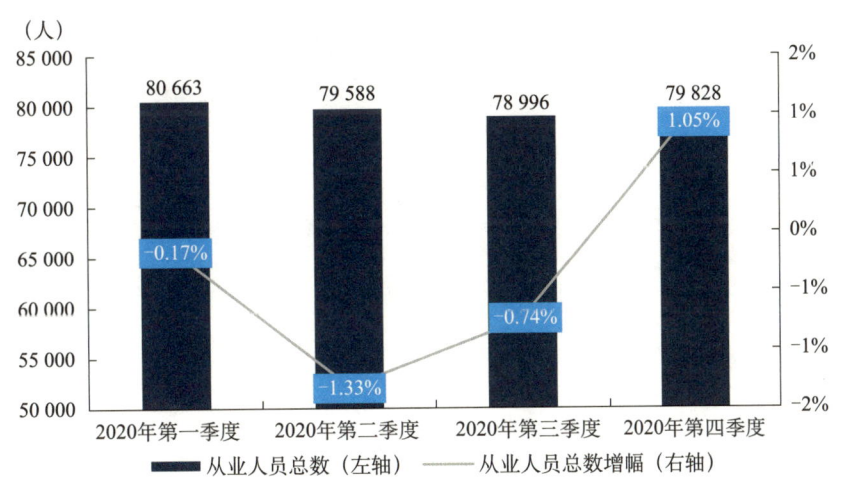

图 8.1.1　私募证券基金管理人旗下从业人员数量及其增幅

资料来源：中国证券投资基金业协会。

8.1.2 从业人数与管理规模呈正向关系

2020 年末，私募证券基金管理人合计 8 908 家，其中从业人数在 5—10 人的管理人数量最多，达 5 919 家，从业人数在 10—20 人的管理人数量次之，合计 1 657 家。从业人数不低于 50 人的管理人仅 60 家（见图 8.1.2）。

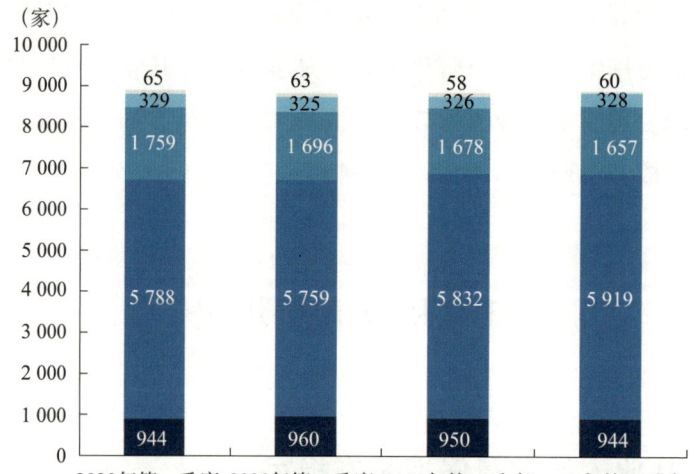

图 8.1.2　不同从业人员数量区间的管理人数量分布

资料来源：中国证券投资基金业协会。

私募证券基金管理人从业人数与管理规模呈正向关系。2020 年，百亿元规模以上管理人的从业人数近 3 年连续下降，2020 年末均值达 44 人；50 亿元至 100 亿元、20 亿元至 50 亿元管理人从业人数近 3 年不超过 30 人；规模在 5 亿元及以下的管理人从业人数均值 2020 年不足 10 人。

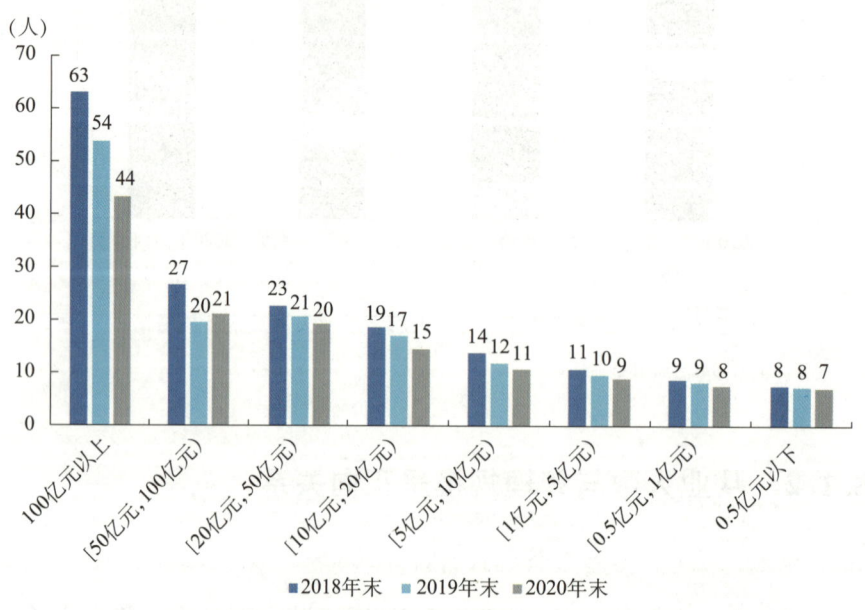

图 8.1.3　管理人旗下从业人数统计（按规模分档）

资料来源：中国证券投资基金业协会。

8.2 高级管理人员近况

8.2.1 高管从业10年以上者占比超过七成

基金管理人旗下高级管理人员从业年限保持延长趋势，不低于10年从业经验的高管人数占比由2019年末的74.34%上升至78.91%（见图8.2.1）。与此同时，5年以内从业经验的高管人数占比自2015年末的22.23%降至1.75%。

8.2.2 高级管理人员学历分布相对稳定

从私募证券基金管理人旗下高级管理人员学历分布来看，截至2020年末，大学本科/专科学历人数占比过半，约为52%，硕士研究生、博士研究生学历人数占比分别约为32%、3%。

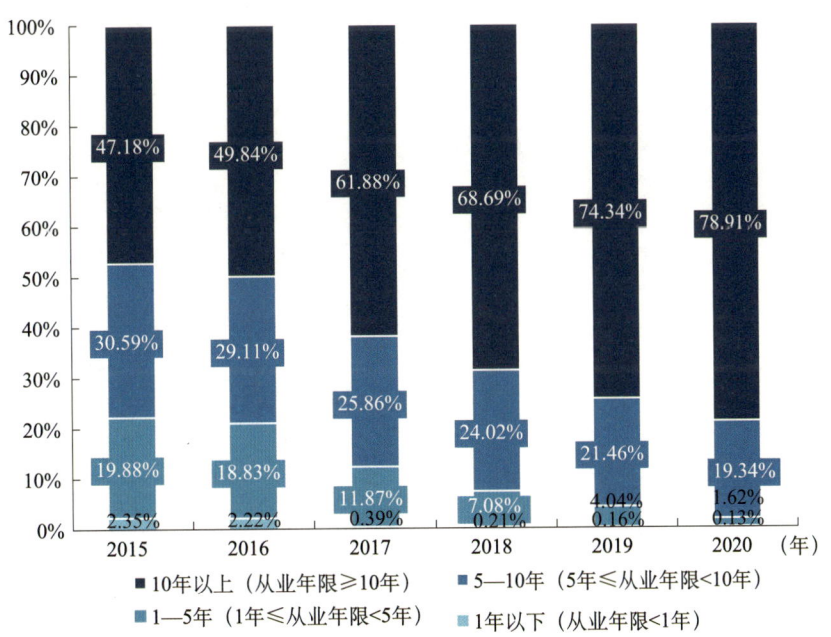

图 8.2.1 高级管理人员的从业经验分布

资料来源：中国证券投资基金业协会。

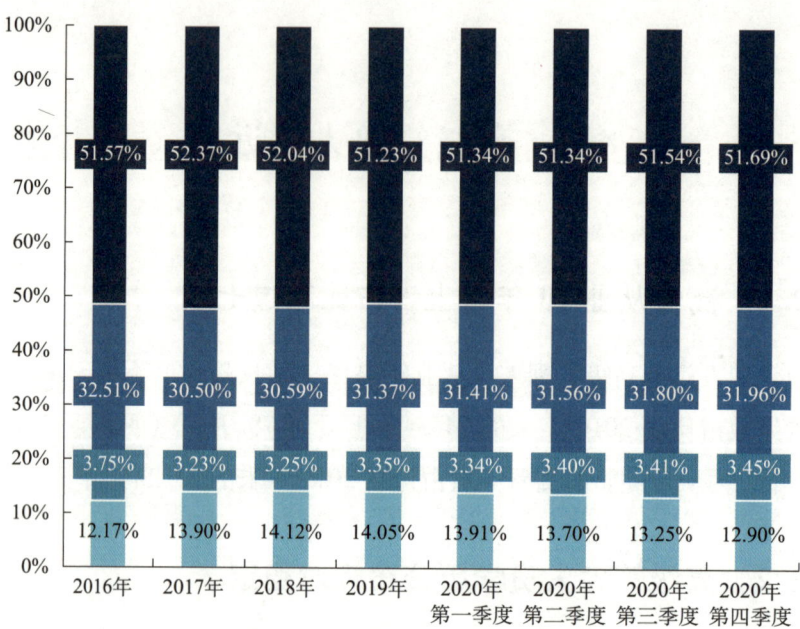

图 8.2.2　高级管理人员的学历分布

资料来源：中国证券投资基金业协会。

9. 行业发展的阶段性特征

我国私募证券基金行业目前仍处于初期发展阶段，目前整体呈现如下特征：（1）产品销售渠道以直销为主，代销渠道整体相对多元分散，大中型管理人更多与券商、银行合作；（2）从业背景方面，管理人核心团队从业背景较为多元，金融机构背景相对居多；（3）从业年限方面，多数管理人拥有从业经验较为丰富的投资经理；（4）投资经理人均管理规模在 5 亿元以下，大中型管理人管理规模显著高于行业平均水平；（5）产品策略类型偏重股票多头策略，非股票策略发展相对缓慢；（6）衍生品运用较为有限，杠杆水平较为可控；（7）投资者结构方面，个人投资者占比高，机构投资者有待丰富。

本章主要数据来源于协会问卷调研，其中有效问卷结果对应的受访私募证券基金管理人总数为 1 907 位，以下称"全体受访管理人"；存续产品管理规模超过 10 亿元的私募证券基金管理人为 284 位，以下称"规模以上受访管理人"。

9.1 产品销售：直销为主，代销多元化

9.1.1 销售方式：直销仍是主要销售方式，大中型管理人代销规模占比相对较高

对于行业整体而言，私募基金在募集、宣传方面存在限制，众多小微型管理人在市场、销售方面的投入相对有限，直销仍是私募基金的主要销售方式。协会问卷调研显示，87.99% 的全体受访管理人与 58.80% 的规模以上受访管理人存续产品中直销产品规模占比超过 80%（见图 9.1.1）。从代销产品规模占比的分布情况看，规模以上受访管理人代销规模占比相对较高，其中有 16.55%、13.03% 和 8.45% 的规模以上受访管理人代销规模占比分别在 20%—50%、50%—80% 和超过 80%（见图 9.1.2），显著高于全体受访管理人。

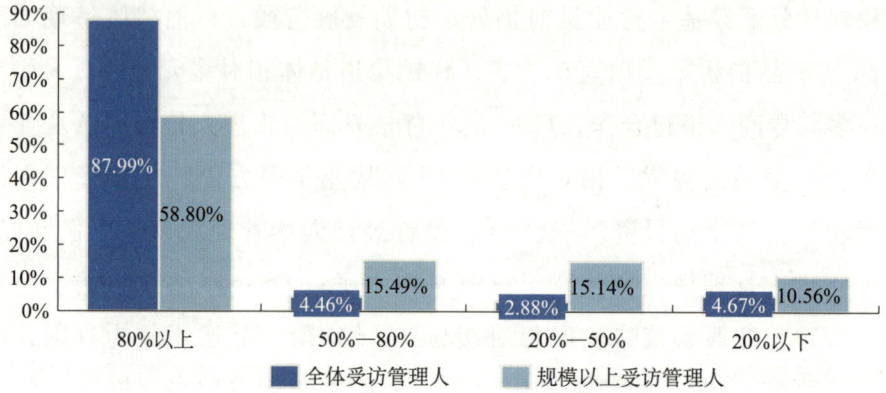

图 9.1.1　受访私募管理人存续产品中直销产品规模占比分布情况

资料来源：中国证券投资基金业协会问卷调研。

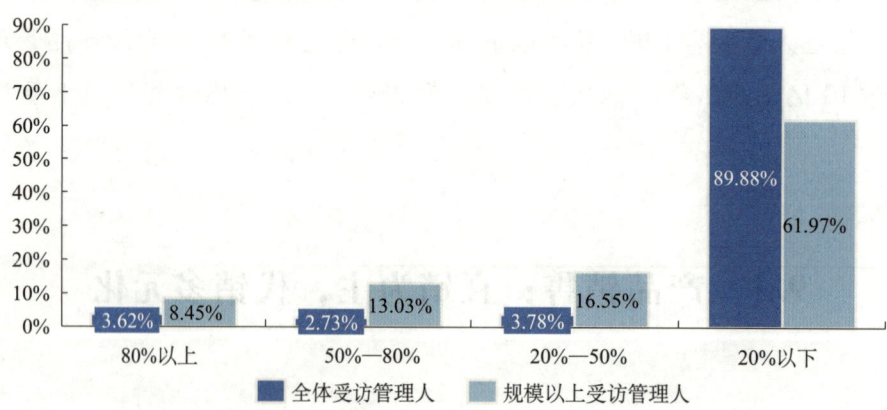

图 9.1.2　受访私募管理人存续产品中代销产品规模占比分布情况

资料来源：中国证券投资基金业协会问卷调研。

9.1.2　代销渠道：整体相对多元和分散，大中型管理人更多与券商、银行合作

私募基金的主流代销渠道相对多元，包括银行、证券公司、信托公司、互联网平台等，各渠道规模占比整体上相对分散。但是，相对而言，证券公司和银行是私募管理人合作较多的代销机构。由于客户风险偏好的匹配度较高，证券公司目前仍是最广泛的私募基金代销渠道。同时，受益于高净值人群的开发以及私人银行业务的发展，银行在大中型管理人的代销渠道中亦占有重要位置。

协会问卷调研显示，对于银行、证券公司、信托公司、互联网平台等代销渠道，全体受访管理人中均只有不足 10% 的管理人的单一代销渠道规模占比超

过20%。而在规模以上受访管理人中,银行、券商渠道的占比有所提升,其中10.92%的管理人在银行的代销规模占比超过20%,20.77%的管理人在证券公司的代销规模占比超过20%(见图9.1.3)。

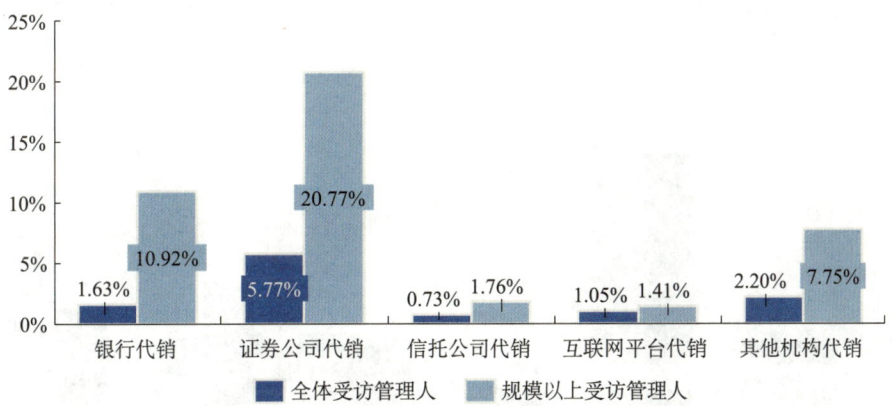

图9.1.3 受访私募管理人存续产品中规模占比超过20%的代销渠道分布情况

资料来源:中国证券投资基金业协会问卷调研。

9.2 投研人员:金融机构背景居多,多数投资经理比较资深

9.2.1 从业背景:不同规模机构的投资经理背景呈现差异化特征

在特殊的激励机制安排和相对宽松的准入门槛下,私募证券基金管理人核心团队成员的从业背景较为多元,包括公募基金、证券公司、期货公司、保险公司、银行、信托公司等金融机构背景,以及民间、实业等其他背景。整体上看,私募管理人核心团队成员中拥有金融机构背景的相对居多,亦有部分成员由民间投资者演化而来。

协会问卷调研显示,在全体受访管理人中,从业背景为证券、期货公司的投资经理占比最高,为72.89%。此外,银行、信托公司、公募基金公司等其他金融机构背景亦有广泛涉及。对比来看,规模以上管理人相对全体受访管理人

的差别主要在于公募基金、民间或实业背景的投资经理占比不同，其中规模以上受访管理人中，公募基金公司从业背景的投资经理占 34.86%，而在全体受访管理人中这一比例为 19.61%；规模以上受访管理人中，民间或实业背景的投资经理占比为 20.07%，而在全体受访管理人中这一比例为 36.23%（见图 9.2.1）。

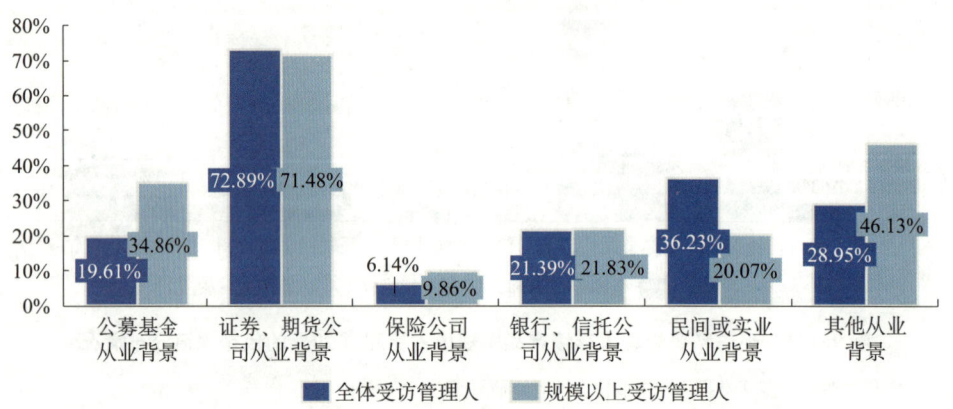

图 9.2.1　受访私募管理人中投资经理人员从业背景分布情况①

资料来源：中国证券投资基金业协会问卷调研。

9.2.2　从业年限：多数管理人的投资经理从业经验较为丰富

整体来看，私募证券基金行业的投资经理多数在金融机构具有从业经验，或者具有个人投资经验，其进行私募管理人创业或者在私募管理人任职时往往具有相对丰富的投资管理经验。从受访数据来看，多数管理人的投资经理从业经验较为丰富。

协会问卷调研显示，全体受访管理人中投资经理人数中位数为 2 位，在全体受访管理人中，有 77.35% 的管理人投资经理人数在 3 位及以下（见图 9.2.2）。投资经理投资管理年限方面，有 85.43% 的全体受访管理人的投资经理，其投资管理年限超过 5 年，有 52.60% 的全体受访管理人的投资经理投资管理年限超过 10 年（见图 9.2.3）。

---

① 图中投资经理人员从业背景占比加总并不等于 100%，主要是因为同一管理人中可能存在两名或两名以上的投资经理，且其从业背景可能不同。

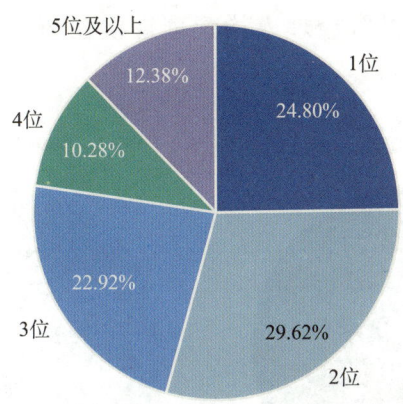

图 9.2.2　受访私募管理人中投资经理人数分布情况

资料来源：中国证券投资基金业协会问卷调研。

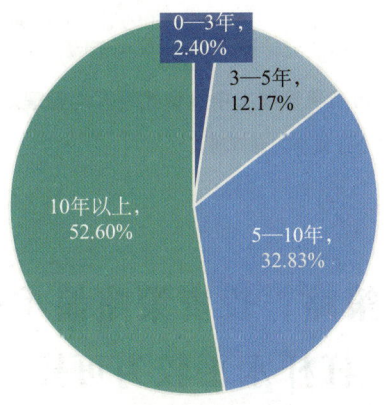

图 9.2.3　受访私募管理人中投资经理投资管理年限分布

资料来源：中国证券投资基金业协会问卷调研。

9.2.3　管理效率：投资经理人均管理规模较低，大中型管理人管理规模显著高于行业平均水平

国内私募证券基金行业仍处于初期发展阶段，管理人数量众多，特别是小微型管理人数量占比高，呈现显著的"长尾"分布。整体而言，投资经理人均管理规模处于较低水平，基本在 5 亿元以下；对于规模以上管理人，人均管理规模有所提高。

协会问卷调研显示，90.19% 的全体受访管理人中投资经理人均管理规模在 5 亿元以下。规模以上受访管理人中，投资经理人均管理规模显著高于行业平均水平，其中 41.54% 的管理人的投资经理人均管理规模在 5 亿—20 亿元区

间内，9.51%的管理人投资经理人均管理规模在 20 亿—50 亿元区间内（见图 9.2.4）。

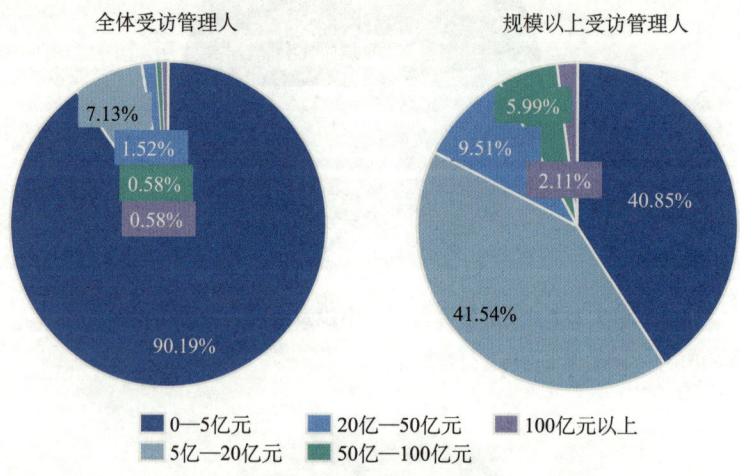

图 9.2.4　受访私募管理人中投资经理人均管理规模分布情况

资料来源：中国证券投资基金业协会问卷调研。

9.3　投资策略：投资策略偏重股票多头，杠杆水平较为可控

9.3.1　策略类型：投资策略偏重股票多头，非股票策略发展相对缓慢

国内私募证券基金股票策略占比较高，2019 年、2020 年受股票牛市的影响，股票策略产品发展显著快于其他策略产品，导致股票策略产品规模占比进一步扩大。从海外成熟市场对冲基金发展情况来看，其不同策略产品占比相对均衡，整体呈现多元化发展局面。

协会数据显示，2020 年末国内私募证券基金中股票策略产品规模占比达 78.33%，占绝对多数，而其他策略的规模占比均较低（见图 9.3.1），不同策略产品发展相对不均衡。先秦公司（Preqin）数据显示，2020 年末海外对冲基金中，规模占比最大的两大策略为宏观策略和股票策略，规模占比分别为

28.83%、28.43%，不同策略规模占比分布较为均衡（见图9.3.2）。

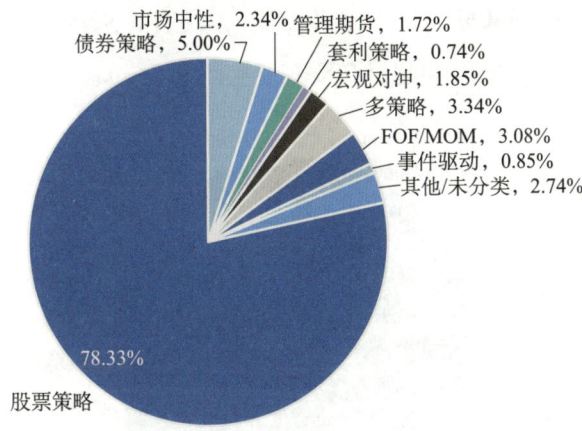

图 9.3.1　2020 年末国内私募基金不同投资策略规模占比

资料来源：中国证券投资基金业协会。

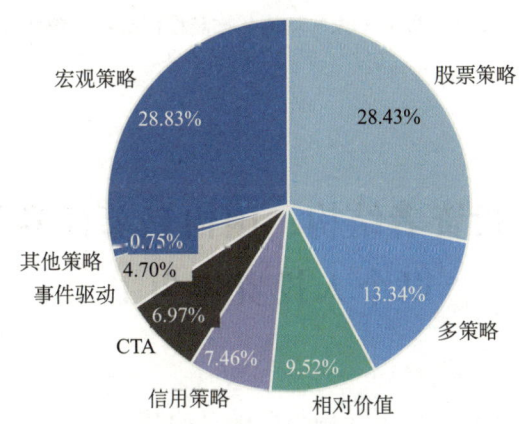

图 9.3.2　2020 年末海外对冲基金不同投资策略规模占比[①]

资料来源：Preqin。

9.3.2　敞口杠杆：衍生品运用较为有限，杠杆水平较为可控

对比海外成熟市场看，我国私募证券基金对于衍生品的运用相对有限，产品整体的杠杆水平适中，杠杆使用情况相对可控。根据国际证监会组织（IOSCO）的调查数据，截至 2018 年第三季度末，国际对冲基金的财务杠杆为

---

① 来自美国证监会的数据中，不同投资策略的规模占比是基于总资产规模（Gross Asset Value）统计的，而非基于净资产（Net Asset Value）规模，因此，部分使用较高杠杆的对冲基金在其中所占权重被相对提高。

1.9倍，而截至2020年末，我国市场非结构化私募证券基金中，90.98%的产品杠杆比例处于100%—140%之间（含100%），仅有6.97%、2.05%的产品杠杆比例处于140%—200%之间和超过200%（见图9.3.3）。

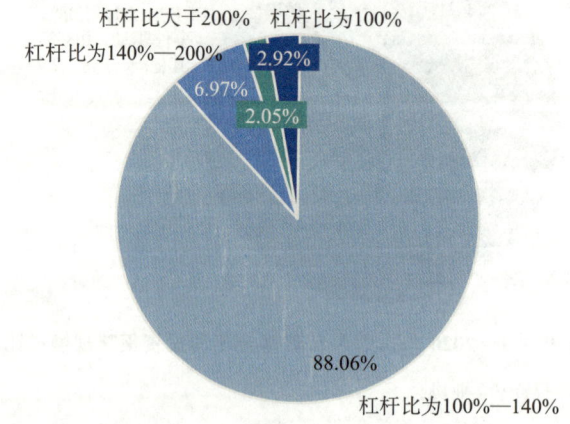

图9.3.3　2020年末非结构化产品杠杆比例数量分布

资料来源：中国证券投资基金业协会。

9.4　投资者结构：国内私募证券基金以个人投资者为主

我国私募证券基金的投资者结构与美国对冲基金的投资者结构有很大不同，主要包括个人投资者、境内法人机构等，其中个人投资者占比为43.54%，是主要的投资者。根据SEC的数据，截至2020年第三季度，美国对冲基金市场个人投资者（包括美国个人与非美国个人）规模占比为14.2%，私募基金、非营利组织、养老金为代表的机构投资者规模占比相对较高（见图9.4.1）。对比美国对冲基金市场，我国市场个人投资者占比仍然较高，机构投资者有待进一步丰富。

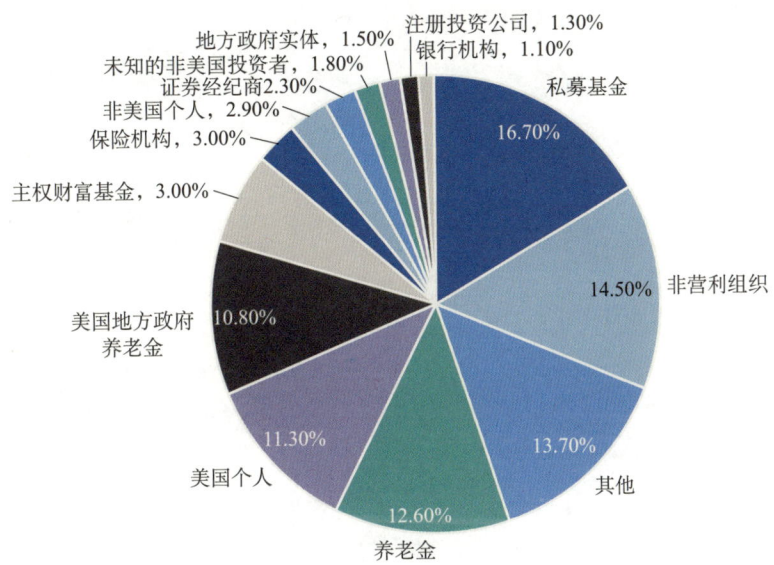

图 9.4.1　2020 年第三季度美国对冲基金投资者结构（按规模统计）

资料来源：SEC。

10. 行业发展趋势展望

根据协会问卷调研情况，结合监管政策和发展环境的变化，国内私募证券基金行业的发展有望呈现以下趋势：（1）行业空间较大，未来将维持平稳或较快发展；（2）在私募基金和大资管行业中的地位有望提升；（3）银行理财子公司与私募管理人竞争与合作共存；（4）外资管理人仍将保持平稳发展，短期难以对国内管理人构成挑战；（5）投资者结构有待进一步丰富和多元化；（6）股票策略和量化策略产品占比有望继续提升；（7）行业集中度有望进一步提升。

本章主要数据来源于协会问卷调研，其中有效问卷结果对应的受访私募证券基金管理人（全体受访管理人）为1 907位；存续产品资产规模超过10亿元的私募证券基金管理人（规模以上受访管理人）为284位。在绝大多数调研问题上，规模以上受访管理人的观点与全体受访管理人的观点差异较小，本章主要展示全体受访管理人的观点。

10.1 行业空间较大，未来将维持平稳或较快发展

一方面，在"打破刚兑"以及"房住不炒"的政策调控下，非标产品、不动产等传统资产的吸引力逐渐下降，而随着资本市场的不断发展以及注册制的有序推行，A股的投资潜力为更多投资者所认可；另一方面，国民收入不断增长，投资理财意识快速提升，合格投资者财富管理需求仍在增长。居民资产配置结构发生转变，财富管理需求逐渐释放，私募证券基金作为深度参与二级市场投资的产品品类，受到越来越多高净值客户的关注。

协会问卷调研显示，41.48%的全体受访管理人认为私募证券基金行业规模未来将维持较快增长，47.77%的全体受访管理人认为行业规模未来将维持平稳增长。整体而言，多数受访管理人对未来行业规模发展持积极态度（见图10.1.1）。

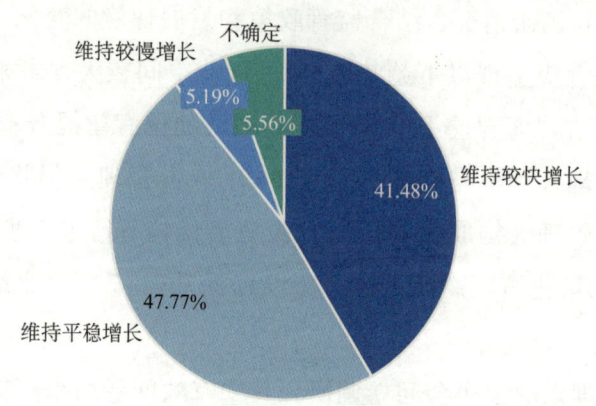

图 10.1.1　受访管理人对于私募证券基金行业未来发展的观点分布

资料来源：中国证券投资基金业协会问卷调研。

10.2　在私募基金和大资管行业中的地位有望提升

私募证券基金主要投资于二级市场标准化资产，相对股权类资产有流动性更佳、投资流程更为成熟、托管监管体系更为完善的优点。相对公募基金，私募证券基金拥有更有效的激励机制、更灵活的投资配置策略、更多元化的产品与服务，能更好地满足高净值客户的财富管理需求。在权益类金融产品快速发展的大背景下，投资者对于私募证券基金的认知逐步提升，私募证券基金在私募基金和大资管行业中的地位有望提升。

协会问卷调研显示，大部分受访管理人对于私募证券基金在私募基金与大资管行业中的占比变动持乐观态度。72.78%的全体受访管理人认为私募证券基金在整体私募基金中的未来规模占比将逐渐提升，另有13.06%的全体受访管理人认为规模占比将维持当前水平（见图10.2.1）。67.70%的全体受访管理人认为私募证券基金在国内大资管行业中的未来规模占比将逐渐提升，另有14.47%的全体受访管理人认为规模占比将维持当前水平（见图10.2.2）。

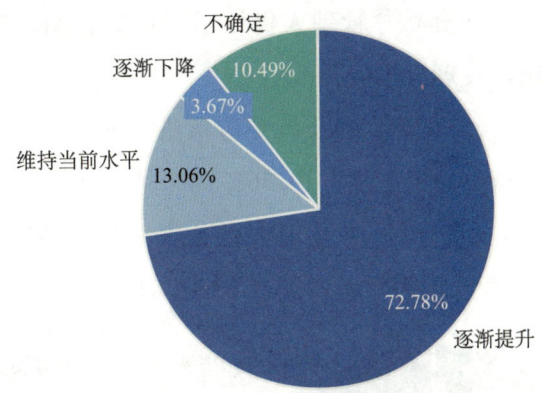

图 10.2.1　受访管理人对于私募证券基金在整体私募基金中的规模占比观点分布

资料来源：中国证券投资基金业协会问卷调研。

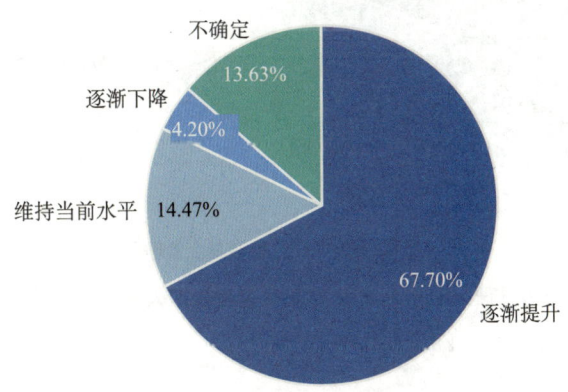

图 10.2.2　受访管理人对于私募证券基金在大资管行业中的规模占比观点分布

资料来源：中国证券投资基金业协会问卷调研。

10.3　外资仍将保持平稳发展，短期难以对国内管理人构成挑战

协会统计数据显示，截至 2020 年末，外资私募证券基金管理人累计登记备案数量增至 32 家。一方面，外资私募管理人因其母公司发展时间相对较长，在管理经验、组织架构、国际视野等方面具有优势；另一方面，业务本土化依旧是目前外资私募管理人在中国市场展业亟待解决的问题，人才招聘、本土渠道对接、监管政策、投资者需求差异、内部沟通成本等均是影响外资私募管理人

发展的因素。近年来，外资私募管理人仍处于起步磨合期，整体将维持平稳发展，短期内难以对国内管理人构成挑战。

协会问卷调研显示，37.70%的全体受访私募管理人对于外资私募证券基金管理人未来发展趋势持不确定态度，19.56%的全体受访管理人认为其发展快于国内管理人，28.00%的全体受访管理人认为其发展慢于国内管理人，另有14.74%的全体受访管理人认为两者发展基本同步（见图10.3.1）。

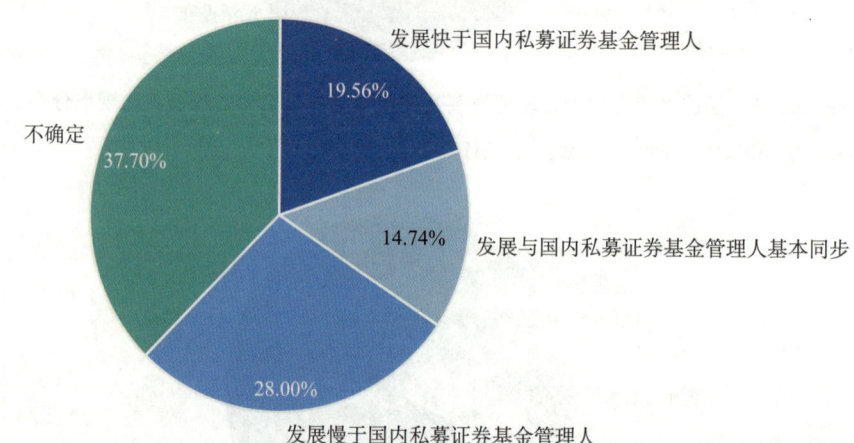

图10.3.1　受访管理人对于外资私募证券基金管理人未来发展趋势的观点分布

资料来源：中国证券投资基金业协会问卷调研。

10.4　投资者结构有待优化

我国证券市场在改革中快速发展，不同类型的投资者群体都趋向追求多元化资产配置，私募证券基金在产品策略形态、风险收益比等方面与其他资产存在差异。随着投资者认知的不断深入，私募证券基金有望在越来越多的投资者资产配置中占有一席之地。同时，近年来私募FOF逐渐兴起，投资者结构有所丰富。

协会问卷调研显示，54.48%的受访管理人认为私募证券基金投资者类型趋于更加多样，投资者结构趋于更加均衡；24.80%的受访管理人认为个人投资者占比将逐渐下降，机构投资者占比逐渐提升；21.19%的受访管理人认为FOF产品占比有望逐渐提升,并成为重要的机构投资者(见图 10.4.1)。

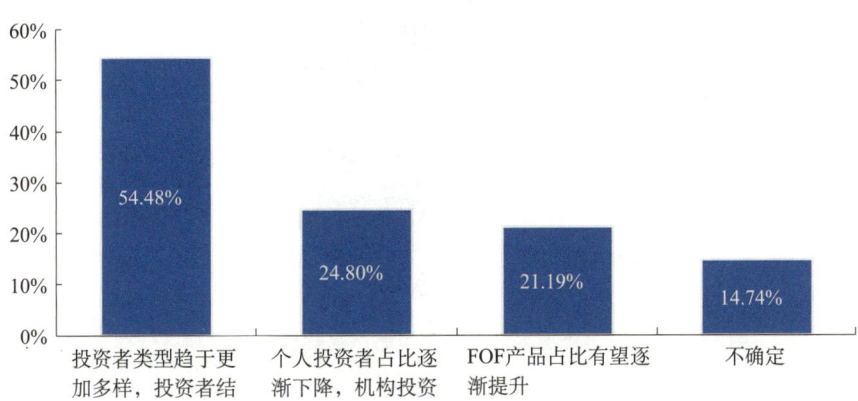

图 10.4.1　受访管理人针对私募证券基金投资者结构变化趋势的观点分布

资料来源:中国证券投资基金业协会问卷调研。

10.5　股票和量化策略产品占比预期继续提升

股票策略私募证券基金产品占比预期继续提升。一方面,A 股在 2019 年、2020 年均走出牛市,资产的锚定效应吸引投资者继续配置股票策略产品;另一方面,A 股机构投资者占比不断提升,呈现类似于海外成熟市场的"机构化"趋势,部分股民转而寻求专业投资者帮助,推升股票策略私募基金规模。

量化产品方面,国内私募量化策略产品规模占比相对海外成熟市场仍然偏小,大数据、人工智能等新兴技术的发展大大丰富了量化策略工具,投资者对于量化策略的认知亦在不断深入,因此我国的量化策略产品存在较大发展空间。

协会问卷调研显示,54.11% 的受访管理人认为股票策略产品规模将继续提升,18.51% 的受访管理人认为将基本保持不变(见图 10.5.1)。56.11% 的受访管理人认为量化策略产品规模将逐渐提升,16.52% 的受访管理人认为将基本保持不变(见图 10.5.2)。

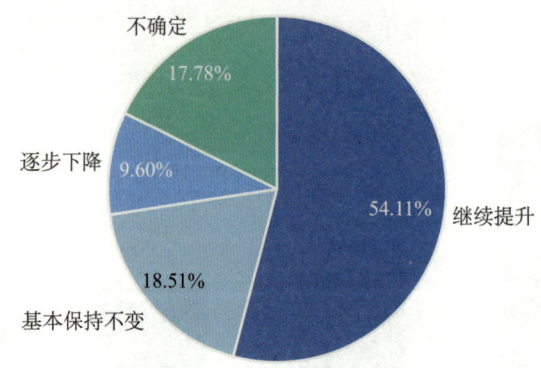

图 10.5.1　受访管理人对于股票策略产品规模变化的观点分布

资料来源：中国证券投资基金业协会问卷调研。

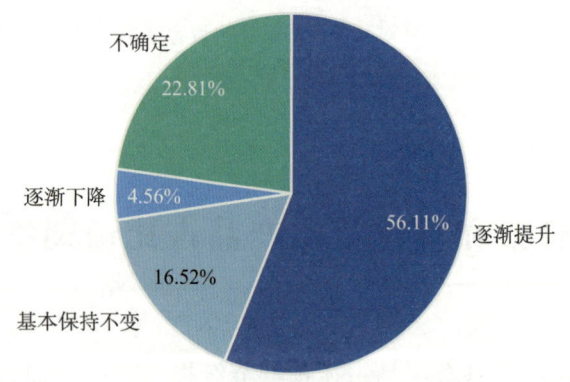

图 10.5.2　受访管理人对于量化策略产品规模变化的观点分布

资料来源：中国证券投资基金业协会问卷调研。

10.6　行业集中度预期进一步提升

大型私募管理人在品牌、投资经验、投资体系、团队建设等方面均走在行业前列，受到越来越多的投资者青睐。同时，更大的管理规模也使得管理人拥有更多的资源吸引人才、升级系统、维护渠道，形成正反馈循环。私募管理人的头部效应有望持续显现。

协会问卷调研显示，高达77.45%的受访管理人认为私募证券基金行业集中度将逐渐提升，9.07%的管理人认为集中度将基本保持不变，仅有2.15%的管理人认为集中度将下降（见图10.6.1）。

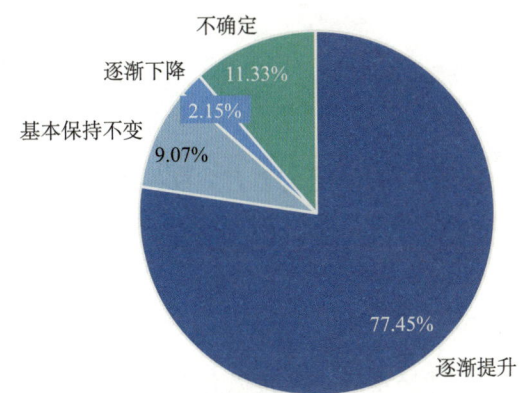

图 10.6.1 受访管理人对于私募证券基金行业集中度的观点分布

资料来源:中国证券投资基金业协会问卷调研。

附录1 海外宏观经济形势与资本市场表现

疫情之前，2017年全球经济增长实现欧债危机以来最高，达3.3%，此后经济内生增长动能持续下滑。2020年新冠肺炎疫情的爆发不仅加速了经济放缓的进程，而且对各国经济也造成了长期结构性的负面损伤。

自2020年3月新冠肺炎疫情在全球蔓延后，各国政府采取了一系列危急时刻的紧急措施。财政政策方面，G20各国实施了数轮财政刺激计划，截至2020年末，总规模接近5万亿美元（不含中国），其中，美、德、日、英等刺激规模都占GDP的10%以上，2020年美日财政赤字达到历史新高。在主要国家传统经济刺激政策空间有限的背景下，"财政赤字化"已成为各国新趋势。

货币政策方面，欧美均采取了极其宽松的货币政策。美联储在2020年3月内两次召开临时议息会议，激进降息150个基点，将基准利率降至0，同时采取了危急时刻的应对模式，无限量购买资产（国债、MBS、联保机构债券等），并通过创新各种流动性支持工具（美元互换、PDCF、MMLF、PPPLF）来支持金融市场和实体企业。欧洲央行同样采取了一系列宽松措施，包括长期再融资操作（LTROs）、非定向紧急长期再融资操作（PELTROs）、QE购买资产（如PSPP、PEPP等）。

疫情冲击下，虽然各国紧急采取了财政刺激计划和宽松的货币政策，但各类基础资产的表现出现分化：

2020年全球主要国家国债到期收益率均显著下行（见附图1.1.1）。发达经济体中，10年期和1年期美债到期收益率分别下行97个基点、145个基点；"金砖国家"中，中国10年期国债到期收益率相对稳定，印度和俄罗斯10年期国债到期收益率则分别下行65个基点、32个基点。

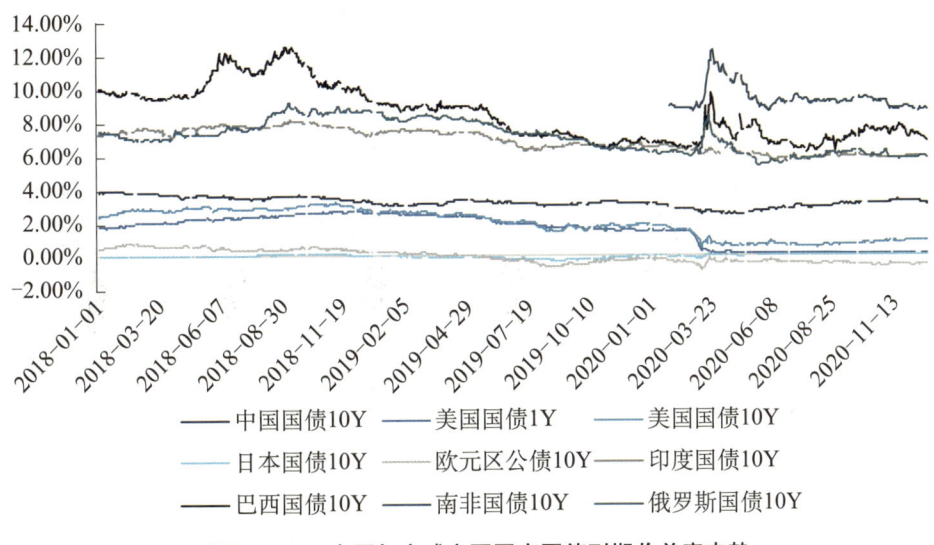

附图 1.1.1 中国与全球主要国家国债到期收益率走势

资料来源：Wind。

受疫情的影响，全球股市盈利水平相比 2019 年显著下行，同时各国央行的宽松政策也带来利率的快速下行。从全球主要国家和地区股票指数来看，美国和亚太地区股市普遍上涨，欧洲主要国家指数下跌者较多。

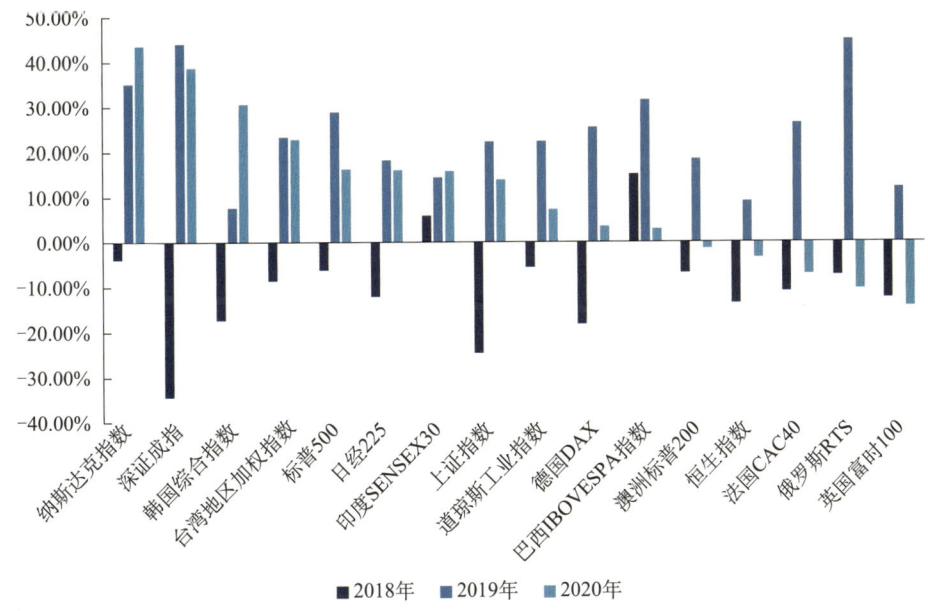

附图 1.1.2 中国与全球主要股票指数年度收益率

资料来源：Wind。

宽松的流动性环境使得部分大宗商品价格上涨，涨幅靠前的品种包括贵金属、农产品和工业金属，但能源品类受到经济活动减少的影响大幅下跌。

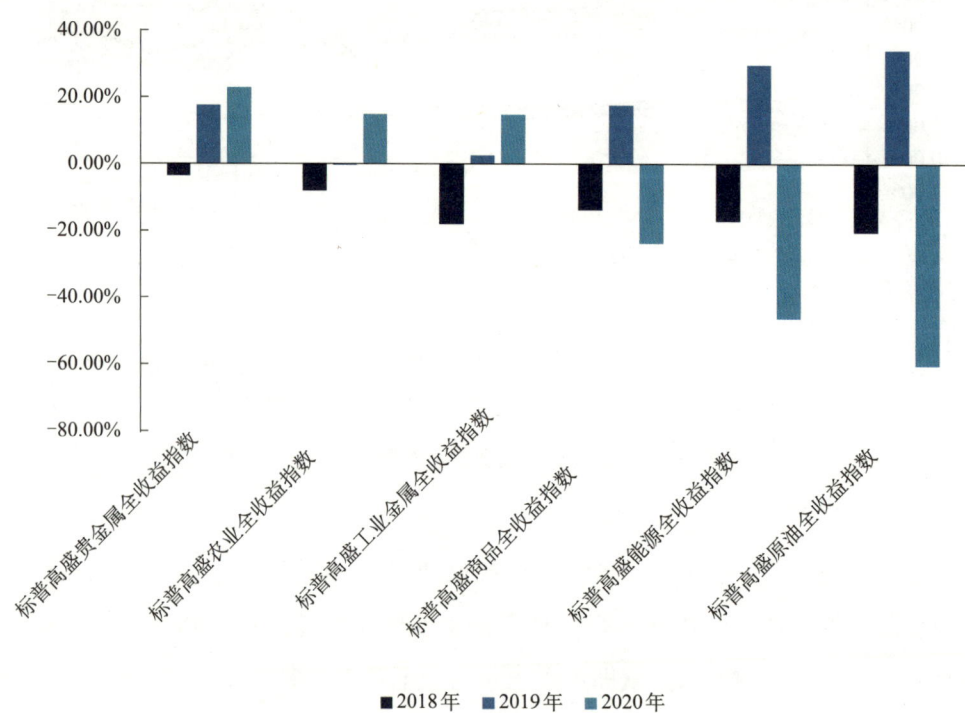

附图1.1.3　全球主要商品指数年度收益率

资料来源：Wind。

附录 2 海外对冲基金行业发展状况

国内私募证券基金在商业模式、产品定位、投资策略、投资者类型、监管模式等诸多方面与海外对冲基金较为类似，海外对冲基金资产管理机构一般被视为国内私募证券基金管理人的国际同业机构，因此海外对冲基金构成了国内私募证券基金国际环境的一部分。

虽然海外对冲基金行业发展历程较长，但是对冲基金的监管在早期相对缺乏，直到 2008 年国际金融危机后美国和欧洲才加强了对冲基金的监管。截至 2020 年，IOSCO 先后 5 次发布针对国际对冲基金的调查报告。该报告提供了国际对冲基金行业较为权威的统计数据，主要覆盖美国和欧洲等主要成熟市场经济体。因向 SEC 报送数据的合格对冲基金资产规模覆盖了 IOSCO 调查数据中的大部分，SEC 的私募基金季度统计数据也具有较好的参考意义。因此，本书对国际对冲基金行业发展概况的介绍主要基于 IOSCO 的调查报告数据和 SEC 的季度统计数据。同时，考虑到 IOSCO 的调查报告数据相对滞后，本书提供一些时效性相对较强的第三方研究机构数据作为比较和参考。

2.1 资产规模

2.1.1 海外对冲基金整体资产规模概况

根据 IOSCO 2020 年发布的《第五次国际对冲基金调查报告》，截至 2018 年第三季度末,国际合格对冲基金整体资产管理规模约为 3.84 万亿美元①(见附图 2.1.1)。从 IOSCO 第二次到第五次的调查数据来看,国际对冲基金在 2012—2018 年间整体实现了稳定增长。

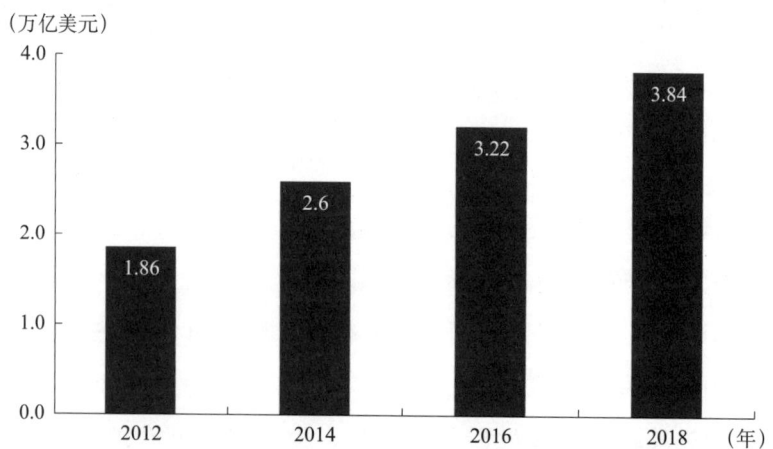

附图 2.1.1　国际合格对冲基金整体资产管理规模(IOSCO 统计)②

资料来源:IOSCO。

根据 SEC 的要求,在美国展业的资产管理规模超过 1.5 亿美元的对冲基金管理机构均需向 SEC 报送数据。SEC 私募基金季度统计数据显示,截至 2018 年第三季度末,向其报送数据的合格对冲基金资产规模合计为 3.19 万亿美元,占 IOSCO 调查数据(3.84 万亿美元)的 83.07%,覆盖了绝大部分合格对冲基金资产规模。根据 SEC 最新私募基金季度统计数据,截至 2020 年第三季度末,向其报送数据的合格对冲基金资产规模为 3.57 万亿美元,对冲基金整体(含非合格对冲基金部分)资产规模为 4.66 万亿美元(见附图 2.1.2)。

根据第三方研究机构 Preqin 的数据,截至 2020 年底,全球对冲基金资产管

---

① 上述数据未包含美国对冲基金管理人提供投资建议的平行账户(Parallel account,根据美国证监会,平行账户指的是由投资顾问提供投资建议、投资目标、投资策略与持仓组合与管理机构报备的对冲基金实质一致的投资账户)以及欧洲 AIFMD(另类投资基金管理人指令)监管框架下的另类投资基金。截至 2018 年第三季度末,美国对冲基金管理人提供投资建议的平行账户资产规模为 0.57 万亿美元;若加上该部分资产规模,国际对冲基金整体规模约为 4.42 万亿美元。由于欧洲 AIFMD 监管框架下的另类投资基金资产规模数据缺乏,本书不做进一步的统计。

② 该数据基于 IOSCO 2020 年发布的《第五次国际对冲基金调查报告》。该报告主要覆盖合格对冲基金管理机构(管理净资产规模在 5 亿美元以上,不含 FOF),同时在合并不同国家和地区的对冲基金资产管理规模时剔除了重复计算部分。

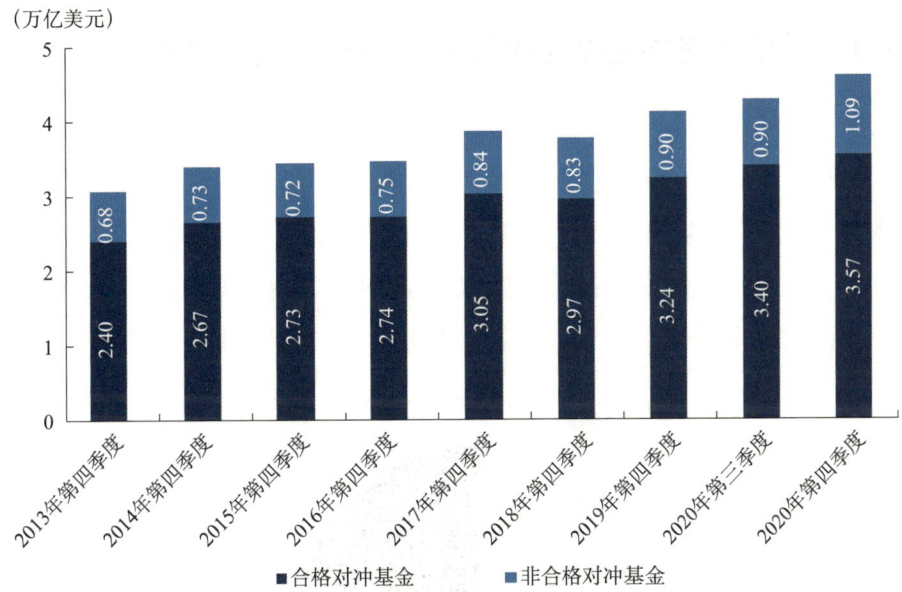

附图 2.1.2　向 SEC 报送数据的对冲基金资产规模（SEC 统计）

资料来源：SEC。

理规模约为 3.97 万亿美元（见附图 2.1.3）。除 2018 年受股票市场下跌影响而出现小幅下降外，2014 年以来全球对冲基金资产管理规模基本呈现稳定增长态势。从 2014 年至 2020 年，全球对冲基金资产管理规模从 3.01 万亿美元增至 3.97 万亿美元，累计增长 31.95%，年均复合增速为 4.73%。

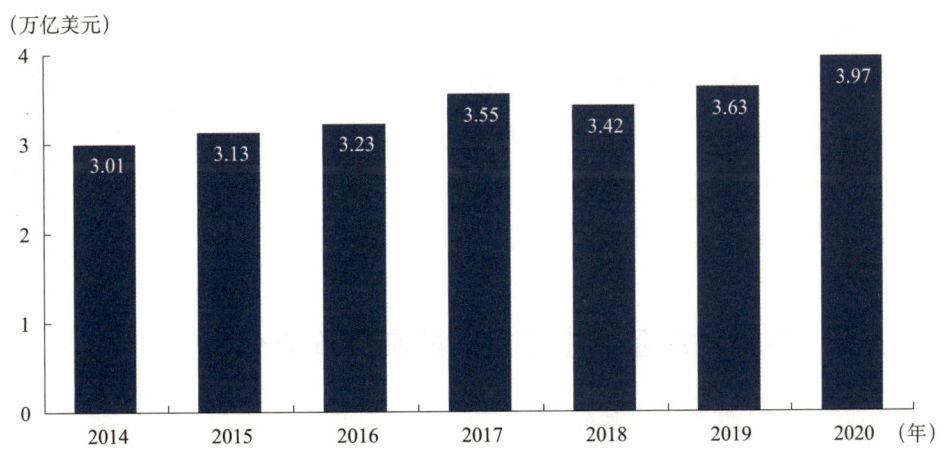

附图 2.1.3　海外对冲基金整体资产管理规模（Preqin 统计）

资料来源：Preqin。

2.1.2 海外对冲基金主要注册地的资产规模分布

从注册和监管所属国家和地区来看，国际合格对冲基金约80%分布在开曼群岛和美国。根据IOSCO的调查数据，截至2018年第三季度末，开曼群岛注册的合格对冲基金资产规模占比为49%，美国注册的合格对冲基金资产规模占比为30%，其他资产规模占比相对较低的国家和地区包括卢森堡（占比约6%）、爱尔兰（占比约6%）、英属维京群岛（占比约4%）等（见附图2.1.4）。

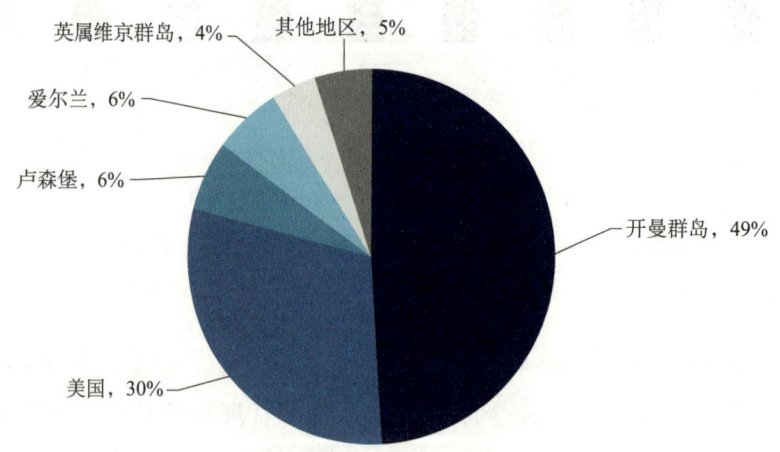

附图2.1.4　国际合格对冲基金不同注册地规模占比（2018年第三季度末）

资料来源：IOSCO。

SEC的私募基金季度统计数据显示的结果与IOSCO的调查数据基本一致。根据SEC发布的最新私募基金季度统计数据，截至2020年末，开曼群岛和美国依然是合格对冲基金前两大注册地，其中开曼群岛注册的合格对冲基金资产规模占比为53.40%，美国注册的合格对冲基金资产规模占比为34.10%，其他注册地主要分布在爱尔兰、英属维京群岛、卢森堡、百慕大等国家和地区（见附图2.1.5）。

2.1.3 海外对冲基金主要策略的资产规模分布

从不同投资策略来看，国际合格对冲基金资产规模主要分布在股票策略、宏观策略和多策略上。根据IOSCO的调查数据，截至2018年第三季度末，资产规模占比居前三位的策略依次为股票策略（含股票多空、股票偏多、股票中性）、多策略、宏观策略，规模占比分别为34%、20%和16%（见附图2.1.6）。

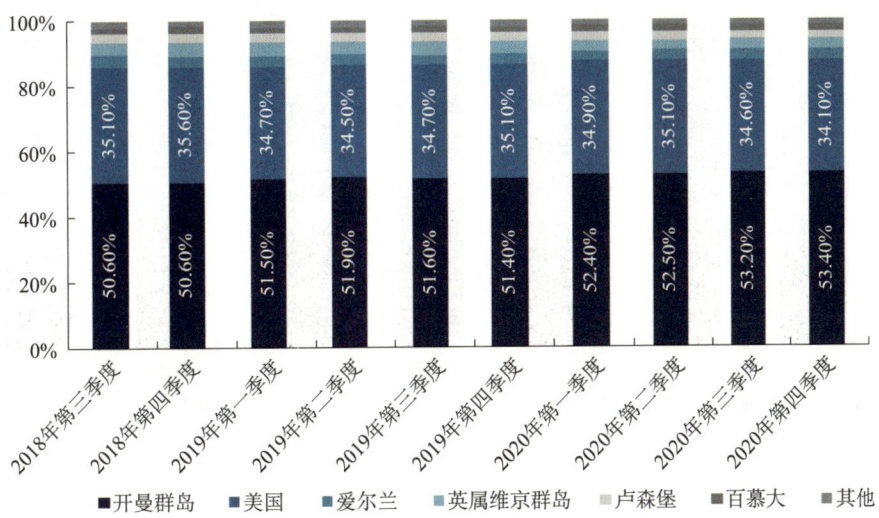

附图 2.1.5　向 SEC 报送数据的合格对冲基金的注册地规模占比（2020 年末）

资料来源：SEC。

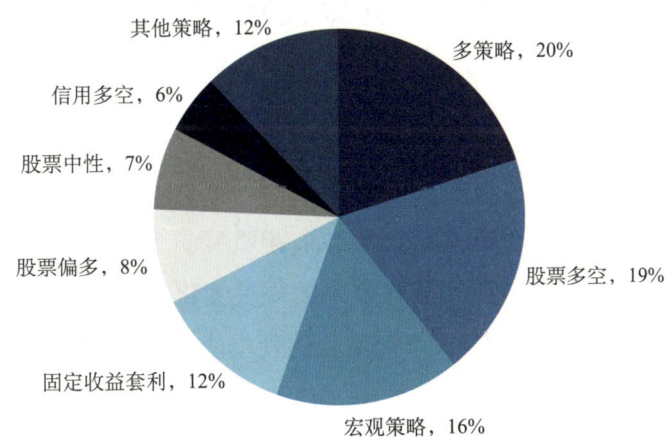

附图 2.1.6　国际合格对冲基金不同投资策略规模占比[①]**（2018 年第三季度末）**

资料来源：IOSCO。

第三方研究机构 Preqin 统计数据与 IOSCO 的调查数据在具体数值上有所差异，但前三大策略大体一致。根据 Preqin 统计数据，截至 2020 年底，资产规模占比居前三位的策略依次为宏观策略、股票策略和多策略，规模占比分别为 28.83%、28.43% 和 14.08%（见附图 2.1.7）。

---

① 来自 SEC 的数据中，不同投资策略的规模占比是基于总资产规模（Gross Asset Value）统计的，而非基于净资产（Net Asset Value）规模，因此部分使用较高杠杆的对冲基金在其中所占权重被相对提高。

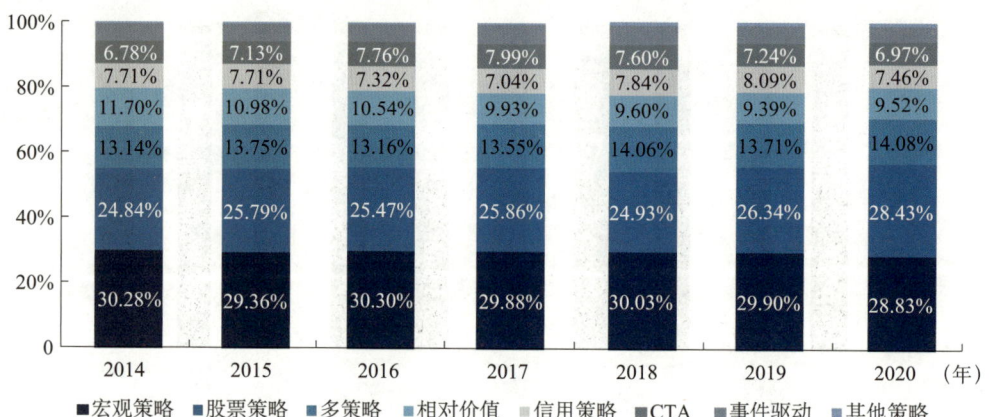

附图 2.1.7　海外对冲基金不同投资策略规模占比① (Preqin 统计)

资料来源：Preqin。

2.2　资金流进出

2.2.1　海外对冲基金规模变动因素分解

根据 Preqin 的数据，2015—2020 年，除 2015 年资金净流入超过业绩涨跌带来的规模变化外，其他年份业绩涨跌带来的规模变化显著大于资金净流入；上述期间业绩涨跌累计贡献了 1.13 万亿美元的规模增长，而资金流方面整体为负贡献，净流出 0.17 万亿美元。2016 年、2017 年、2019 年、2020 年海外对冲基金表现较好，业绩涨跌对规模增长的贡献均较为显著，分别为 2 109 亿美元、2 757 亿美元、3 014 亿美元、3 852 亿美元（见附图 2.1.8）。

2.2.2　海外对冲基金的资金流进出情况

2015—2020 年，海外对冲基金的资金流整体以净流出为主。Preqin 数据显示，其中 2016 年、2018—2020 年均为资金净流出，各年净流出金额分别为 1 098

---

① 来自 SEC 的数据中，不同投资策略的规模占比是基于总资产规模（Gross Asset Value）统计的，而非基于净资产（Net Asset Value）规模，因此部分使用较高杠杆的对冲基金在其中所占权重被相对提高。

附图 2.2.1 2015—2020 年海外对冲基金规模变化拆解

资料来源：Preqin。

亿美元、973 亿美元、972 亿美元、445 亿美元。

从不同策略类型来看，2018—2020 年，多数策略遭遇不同程度的资金净流出，其中宏观策略、股票策略、事件驱动、CTA 策略资金净流出较多，分别达558 亿美元、388 亿美元、332 亿美元、264 亿美元，仅信用策略获得了 41 亿美元的资金净流入；2015—2017 年，获得资金净流入和资金净流出的策略各占半，其中 CTA 策略、多策略获得的资金净流入较多，分别为 753 亿美元、236 亿美元，而在信用策略、股票策略、宏观策略、相对价值策略上分别净流出 287 亿美元、138 亿美元、127 亿美元、100 亿美元。

附表 2.2.1　2015—2020 年海外对冲基金不同策略资金流情况　　单位：亿美元

策略类型	2015 年	2016 年	2017 年	2018 年	2019 年	2020 年	2015—2017 年	2018—2020 年
股票策略	603	-503	-238	-237	-180	29	-138	-388
事件驱动	-18	-29	103	64	-247	-149	56	-332
宏观策略	-258	-59	190	-162	-95	-301	-127	-558
相对价值	188	-247	-41	-204	-47	152	-100	-99
信用策略	42	-282	-47	138	71	-168	-287	41
CTA 策略	246	255	252	-142	-113	-9	753	-264
多策略	275	-225	186	74	-314	95	236	-145
其他策略	13	-8	38	130	-47	-92	43	-9
合计	714	-1 098	444	-339	-972	-445	60	-1 756

资料来源：Preqin。

2.3 业绩表现

2.3.1 海外对冲基金的整体业绩表现

海外对冲基金过去几年整体取得了较好的表现。根据 Preqin 数据,2015—2020 年海外对冲基金获得了 8.27% 的年化收益率,其中仅 2018 年取得负收益,其他年份均取得正收益(见附图 2.3.1)。该年化收益率低于同期标普 500 指数(10.54%),但高于明晟(MSCI)全球指数(7.57%)。在股票市场显著上涨年份(比如 2017 年、2019 年),海外对冲基金整体表现不及标普 500 指数和 MSCI 全球指数,但是股票市场表现低迷或者显著下跌时(比如 2015 年、2018 年),海外对冲基金整体表现好于标普 500 指数和 MSCI 全球指数。

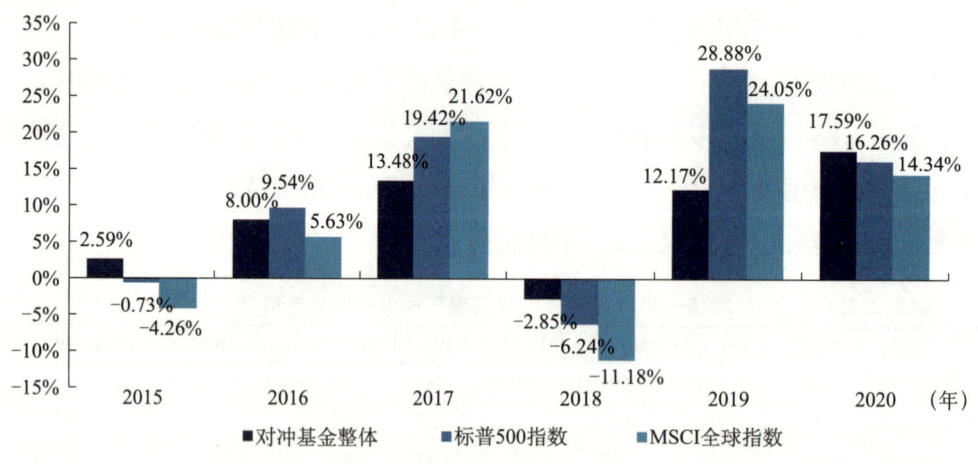

附图 2.3.1　2015—2020 年海外对冲基金业绩表现

资料来源:Preqin。

2.3.2 海外对冲基金不同策略的业绩表现

从不同策略来看,受益于股票资产的较好表现,股票策略对冲基金业绩居前。根据 Preqin 数据,2015—2020 年,股票策略对冲基金业绩领先,年化收益率为9.23%，也是唯一高于海外对冲基金整体表现的策略类型，但相对而言仍未超越标普500指数。其他策略中，宏观策略表现相对较好，年化收益率为7.14%。相对价值、信用策略表现相对稳健，各年均取得了正收益（见附表2.3.1）。

附表2.3.1　　2015—2020年海外对冲基金不同策略收益率情况

策略类型	2015年	2016年	2017年	2018年	2019年	2020年	年化收益率
股票策略	1.49%	7.98%	16.08%	-4.56%	15.93%	20.64%	9.23%
事件驱动	-0.20%	10.33%	10.71%	-3.19%	8.44%	12.81%	6.31%
宏观策略	4.81%	7.68%	7.01%	0.35%	9.94%	13.50%	7.14%
相对价值	6.20%	4.66%	5.00%	1.17%	5.77%	9.06%	5.28%
信用策略	2.14%	9.10%	7.70%	2.21%	6.88%	5.88%	5.62%
多策略	4.25%	7.09%	11.00%	-1.66%	10.10%	9.19%	6.57%
对冲基金整体	2.59%	8.00%	13.48%	-2.85%	12.17%	17.59%	8.27%
标普500指数	-0.73%	9.54%	19.42%	-6.24%	28.88%	16.26%	10.54%
MSCI全球指数	-4.26%	5.63%	21.62%	-11.18%	24.05%	14.34%	7.57%

资料来源：Preqin，Wind。

2.4　敞口和杠杆[①]

2.4.1　海外对冲基金的敞口概况

从不同资产敞口来看，在基础证券上，权益类资产敞口规模最大。如附图2.4.1所示，截至2018年第三季度末，股票资产的多头敞口和空头敞口规模最大，分别为2.29万亿美元、0.96万亿美元；债券资产（包括政府债券、企业债券和可转债）位居其次，多头敞口和空头敞口规模分别约1.56万亿美元、0.89万亿美元。

在衍生品上，利率衍生品敞口规模最大。截至2018年第三季度末，利率衍生品的总敞口规模高达25.33万亿美元，远远超过位居第二的外汇衍生品（总敞口规模为4.07万亿美元）。IOSCO的相关调查报告未分别统计利率衍生品和

[①] 本部分能追溯到的海外对冲基金敞口和杠杆的数据最新到2018年。

外汇衍生品的多头敞口和空头敞口数据,但从总敞口数据不难判断,利率衍生品的多头敞口和空头敞口规模大概率高于其他衍生品(见附图2.4.2和附图2.4.3)。

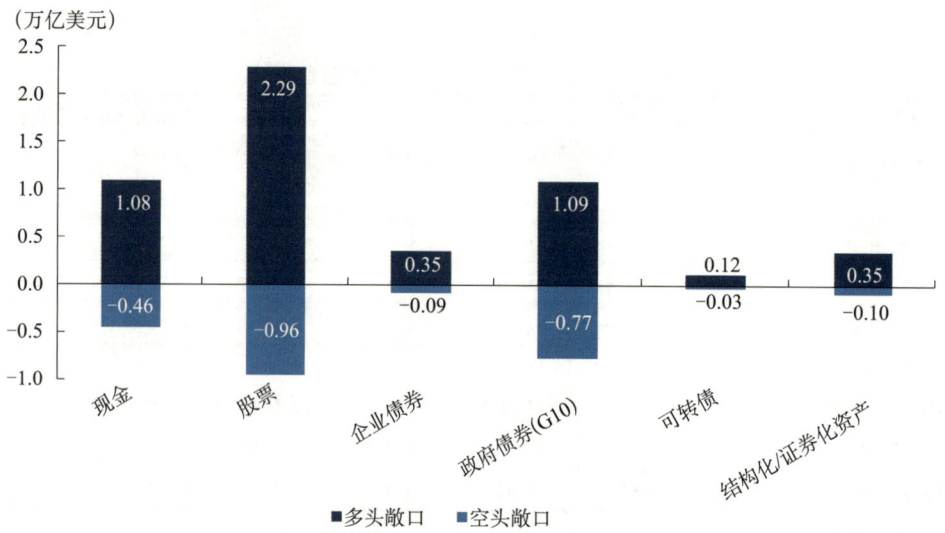

附图 2.4.1　国际合格对冲基金在基础证券上的多空敞口规模(2018 年第三季度末)

资料来源:IOSCO。

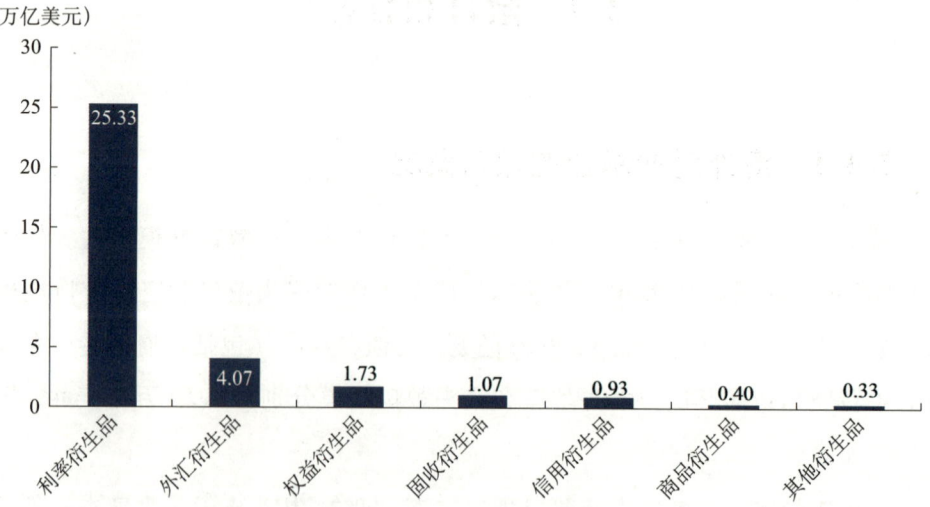

附图 2.4.2　国际合格对冲基金在衍生品上的总敞口规模(2018 年第三季度末)

资料来源:IOSCO。

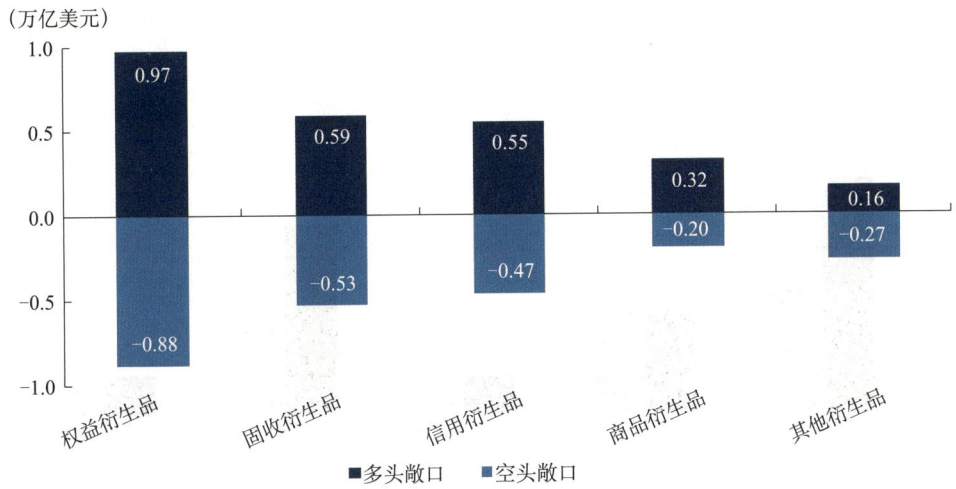

附图 2.4.3　国际合格对冲基金在衍生品上的多空敞口规模①（2018 年第三季度末）

资料来源：IOSCO。

2.4.2　海外对冲基金的杠杆概况

对冲基金投资组合的杠杆可以从两个不同的维度进行衡量，即基于资产敞口的杠杆（以下简称敞口杠杆）和基于融资融券的杠杆（以下简称财务杠杆）。敞口杠杆为投资组合中基础证券市值和衍生品合约价值的总和相对于资产净值的比例，进一步可以分为总敞口杠杆和净敞口杠杆，前者对于多头敞口和空头敞口不进行轧差计算，后者对于多头敞口和空头敞口进行轧差计算。如果仅考虑衍生品合约价值相对于资产净值的比例，则称衍生品敞口杠杆（以下简称衍生品杠杆）。衍生品杠杆也可进一步分为衍生品总杠杆和衍生品净杠杆。

根据 IOSCO 的调查数据，截至 2018 年第三季度，国际对冲基金的总敞口杠杆达到 7.8 倍。其中，利率和外汇衍生品的总敞口较大，主要用于对冲目的，不考虑利率和外汇衍生品的总敞口杠杆和净敞口杠杆分别为 4.2 倍、1.0 倍。衍生品总杠杆和净杠杆分别为 2.7 倍、1.1 倍（见附图 2.4.4）。

IOSCO 在调查报告中表示，2018 年第三季度总敞口杠杆相对于 2016 年第三季度小幅提升，在解释时需要考虑以下因素：一是 2018 年调查数据的采样范围

---

① 上述衍生品多空敞口规模统计中不包括两类最大的品种，即利率衍生品和货币衍生品，因国际证监会组织（IOSCO）的调查报告中仅统计上述两类衍生品的总敞口，而未区分多头和空头敞口。

有所变化；二是宏观经济的变化可能会导致敞口杠杆的变化；三是敞口杠杆可能并不是对冲基金经济风险的较好度量指标。

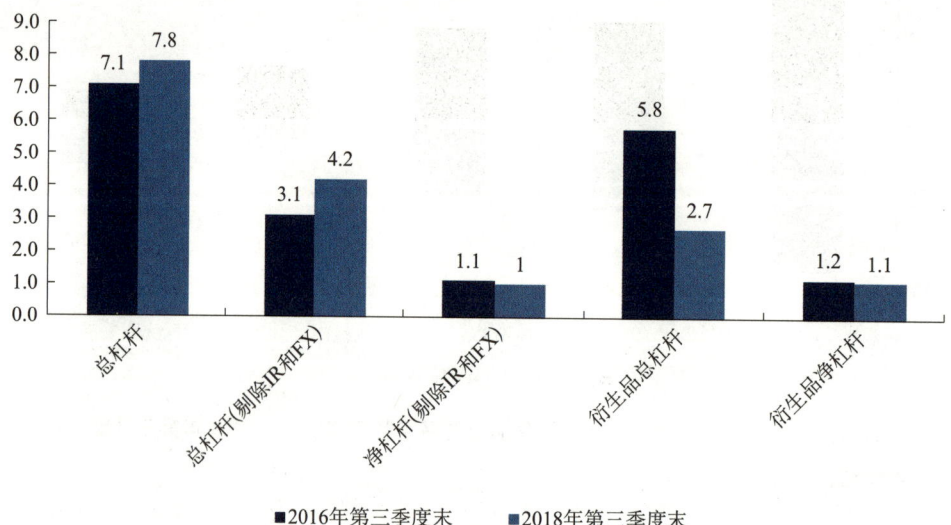

附图 2.4.4　以组合敞口衡量的国际合格对冲基金杠杆情况

资料来源：IOSCO。

根据 IOSCO 的调查数据，截至 2018 年第三季度，国际合格对冲基金的财务杠杆为 1.9 倍，而 2016 年第三季度该杠杆为 1.8 倍。从融资融券的方式来看，有担保融资融券占到绝大部分，规模为 3.59 万亿美元，其中采取主经纪商和回购式融资融券的两大主要方式。

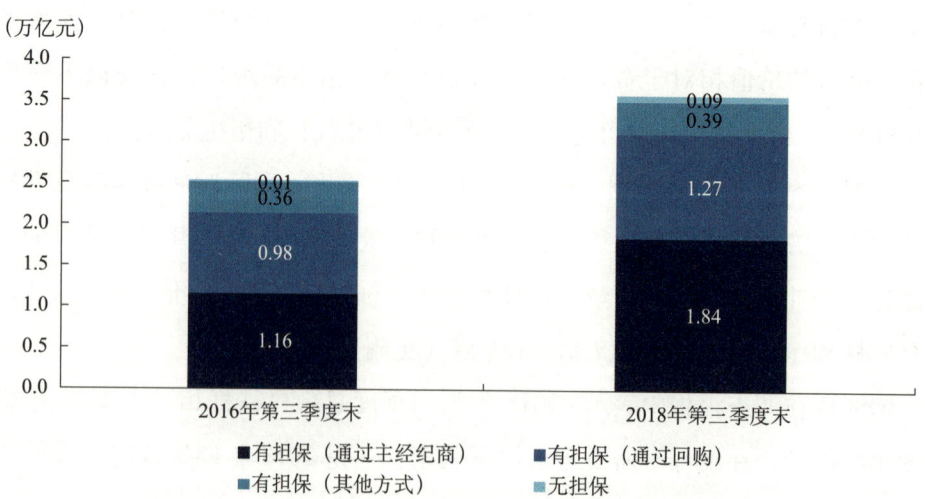

附图 2.4.5　国际合格对冲基金投资组合使用的融资融券规模

资料来源：IOSCO。

不同国家和地区的对冲基金在财务杠杆上差异较大。如附图2.4.6所示,截至2018年第三季度,爱尔兰和瑞士的对冲基金财务杠杆处于较高水平,分别为3.63倍、3.32倍;英国、美国的对冲基金财务杠杆处于中间水平,分别为2.11倍、1.9倍,其他国家和地区对冲基金的财务杠杆处于较低水平,基本在1.2倍以下。

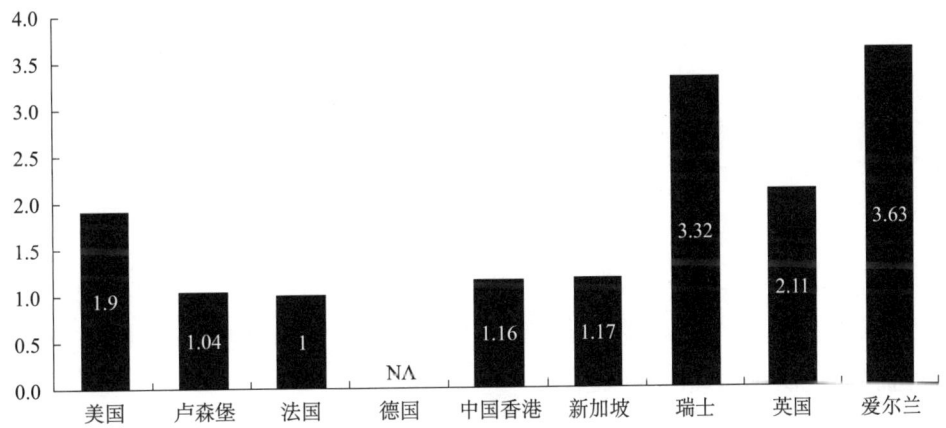

附图2.4.6 不同注册地的合格对冲基金的财务杠杆情况① (2018年第三季度末)

资料来源:IOSCO。

---

① 瑞士和中国香港的数据同时也包括相应对冲基金管理机构在其他国家和地区的对冲基金资产规模。

附录 3 中国私募证券投资基金行业发展报告调查问卷

行业发展趋势

你认为未来 3—5 年私募证券投资基金行业的主要发展趋势有哪些？请做出你的选择并说明具体理由或原因。

编号	行业发展的主要趋势	请在本列打"√"进行选择	选择的主要理由或原因

1. 私募证券基金行业规模未来增长如何？
A 维持较快增长
B 维持平稳增长
C 维持较慢增长
D 不确定

2. 私募证券基金在整体私募基金中的规模占比未来如何变化？
A 逐渐提升
B 维持当前水平
C 逐渐下降
D 不确定

3. 私募证券基金在国内大资管行业中的规模占比未来如何变化？

A　逐渐提升

B　维持当前水平

C　逐渐下降

D　不确定

4. 相对于公募权益类基金，私募证券基金未来发展情况如何？

A　发展快于公募权益类基金

B　与公募权益类基金发展差不多

C　发展慢于公募权益类基金

D　不确定

5. 银行理财子公司发展对私募证券基金行业影响如何？

A　与私募证券基金管理人主要为竞争关系，可能对行业带来一定的冲击

B　与私募证券基金管理人既有竞争关系也有合作关系，对行业的影响有限

C　与私募证券基金管理人主要为合作关系，更有利于促进行业的发展

D　不确定

6. 外资私募证券基金管理人未来发展趋势如何？

A　发展快于国内私募证券基金管理人

B　发展与国内私募证券基金管理人基本同步

C　发展慢于国内私募证券基金管理人

D　不确定

7. 私募证券基金行业集中度未来如何变化？

A　逐渐提升

B　基本保持不变

C　逐渐下降

D　不确定

8. 私募证券基金中，股票策略产品规模占比未来如何变化？

A　继续提升

B　基本保持不变

C　逐步下降

D　不确定

9. 私募证券基金中，量化策略产品规模占比未来如何变化？

A　逐渐提升

B　基本保持不变

C　逐渐下降

D　不确定

10. 私募证券基金行业的投资者结构变化趋势如何？（可多选）

A　投资者类型趋于更加多样，投资者结构趋于更加均衡

B　个人投资者占比逐渐下降，机构投资者占比逐渐提升

C　FOF 产品占比有望逐渐提升

D　不确定

11. 量化私募证券基金管理人未来策略发展趋势如何？（可多选）

A　不同策略（量价/基本面、高频/中频/低频等）更加均衡发展

B　人工智能技术将在更大广度和深度上得到应用

C　部分管理人可能进一步与基本面主动策略相结合

D　不确定

12. 大型私募证券基金管理人未来发展趋势如何？（可多选）

A　市场份额有望进一步扩大，呈现强者恒强趋势

B　部分管理人可能进行其他策略布局，向多元化发展

C　部分管理人可能加强境外市场布局，向国际化发展

D　不确定

后 记

转眼间，协会自 2017 年开始，依托私募证券投资基金专业委员会、组织行业力量，研究编撰年度《中国私募证券投资基金行业发展报告》已经 5 年了。《报告》在协会基金行业数据年报发布体系尚不健全、尚不深入的背景下，应行业呼吁而生，为行业需求而作。一方面，《报告》事实上承担了私募证券基金行业数据发布的部分功能；另一方面，《报告》也通过问卷调查等方式，深入了解并反映了行业机构、行业专家对私募证券基金行业发展的思考及观点。《报告》既是协会为私募行业服务提供的公共产品，也是反映行业声音的集体智慧结晶，深受行业厚爱并形成了一定品牌效应。

随着形势发展，特别是协会内部各部门职责的不断整合、行业数据发布窗口的逐步统一、广大机构对协会私募行业服务需求的变化，我们认为，《报告》的历史使命已基本完成。下一步，我们将进一步紧扣行业机构需求、紧扣监管部门需求，汇聚行业智慧与力量，积极推进《报告》研究编撰工作转型、推进私募行业服务工作转型，努力提供更加聚焦需求、更高质量的私募行业服务公共产品。

回顾 5 年来《报告》的研究编撰工作，其中充满了行业的智慧与力量，遇到不少困难与挑战，也积累了更多的有益经验。《报告》质量离读者期待还有不少差距，但整体来看在不断提升。借此机会，再次对 5 年来积极参与《报告》研究编撰工作的受托研究机构以及广大行业机构表示衷心感谢！也真诚希望广大行业机构围绕改进私募行业研究服务工作，积极建言献策，提出宝贵意见建议，并发送至协会邮箱 pfforum100@amac.org.cn。

中国证券投资基金业协会
2021 年 9 月